作者／方柏華・著　David F.

Backpacker's Diary

· Backpacker's · Europe · Nine · Countries ·

Voyage

序一・Recommendation

—— 資深媒體人／林可

認識小柏是將近十年前的一場新秀選拔比賽，當時他是參賽者……我是這個活動的策劃人，對他的印象就是從哥斯大黎加回台灣，很緊張生嫩的在舞台上自彈自唱……。

當我再次看到「方柏華」這個名字時，是半年前的FaceBook上有個朋友邀請，向來來者不拒的我，接受了這個人才又搭上線；沒多久收到了一封來信，是來自小柏的問候，接著他跟我說正準備出一本書……（我心想～這小子幾時變文藝咖了……完全跟「作者」這身分搭不起來……），然後小柏提出了一個讓我傻眼的要求～要我幫他寫「序」，這對於從來沒幫人寫過序文、還有……看書＝想睡覺的我，真是個無言的小難題！

當我看到這本書的打樣時，終於鬆了口氣，原來這是我看了不會想睡覺的旅遊書，而且圖文並茂到讓我「很滿意」（因為整個都是文字的書真的會讓我想睡啦），躺在沙發上看著翻著，我這個宅到爆的干物男，除了久久回一次美國探望親友，一年一次來個跟好友們到泰國當背包客，買便宜衣服跟瘋狂享受廉價按摩之旅的人，都讓我對「望塵莫及」的歐洲產生了高度吸引力！

其實在當廣播人期間，訪問過不少出版旅遊書的作家或是藝人，不過大多鎖定在某個國家，或是著重在個人特質上較多，而小柏這本書，讓我有驚訝到的是～這小子跟他的遊伴，竟然可以從哥斯大黎加的國門飛出去一玩就玩了九個國家，而且還是所有旅遊行程花費最高的「歐洲」，更讓我這個又懶又宅的干物男開心不已的是，這裡面連每個國家的旅遊小常識、當一個流浪背包客到每個地方該注意的細節、國與國之間的交通住宿省錢推薦……這本歐洲遊記實在是個方便懶人跟窮人的旅遊工具書啊!!

背著行囊去旅行或許克難了點，不過少了旅行團一大早擾人清夢的morning call、明明到了國外卻老是帶你去吃中餐館、去當地掛勾的紀念品店花錢……你將會發現原來背包客有的是時間，吃到最在地的美食、拍到最滿意的風景、交到當地的朋友（甚至來段異國的邂逅……哇哈哈），然後在由當地的新朋友，帶你去當地人才會去的好地方……所以別只是握著這本書，快找個背包跟行李箱……把這本書丟進去，讓它陪著你愜意瀟灑的行走歐洲吧!!

序二・Recommendation

《胖子偶像》／阿達

一直會記得一句諺語叫做「行千里路勝讀萬卷書」，這一句話如果用在旅遊上可真是貼切，那人為什麼還要看書呢？

哈哈~那是因為工欲善其事必先利其器，總要做點準備功課嘛~

當拿到這本書時，一看到封面「蛤~歐洲喔！」這種一定非常貴的想法就在我心中滋長開來，但是當我隨著文字圖片進入書內後，我發現這……這……也太不花錢了吧!!

當然不是想像中的流浪，但這才是真的適合有一顆年輕熱血的心的不死頑童旅行方式，大家都會想著等以後有錢再出國去玩，有錢再環遊世界。但我想，等真的有錢了，我就有小孩家庭，工作也走不開，等到我真的有空的時候，我應該也已經七十一歲了!!那不就變得我去外地不能吃硬的食物，不能喝酒，不能走路，不能跳河，甚至無法展開異國戀曲!!

這太可怕了~所以我非常欽佩筆者告訴了我如何趁真正該出去闖蕩的時機出去看看這個世界，怎麼說欽佩呢？那是因為這並不只是一本旅遊日誌。更在每一個細節都特別標明出來，他甚至是本工具書，讓你在使用一樣旅遊方式出遊時所遇到的所有問題一一幫你解決，甚至也介紹了那些地方該注意或值得留念的大小地方，而敘述方式也不失年輕人的旅遊日誌方式，熱血冒險不怕死的精神都在此表露無遺，真是看了，一邊笑一邊覺得我也一定要這樣看看！

看過了太多MV，看過了太多的電影，背著他方生產的背包，何不親自站在那塊土地呢？

Arc de triomphe de l'Étolie

自序

你是否曾經想過存一筆錢後，去世界的各地走走，看看除了自己生長的這塊土地以外的地方，有什麼不一樣的世界？你是否厭倦了反覆按著手上的遙控器，只能坐在沙發上透過電視看著各國各地，各式各樣的事物？

那你不要再猶豫了，你可以跟我一樣，花少少的錢，用自己的雙腳，在歐洲各國留下自己的足跡，不用華麗的五星級飯店，沒有趕鴨式的旅遊團，更沒有任何的限制包袱。你唯一需要的只是一個決定、一些準備、一筆錢、一些勇氣和這本書，就可以進入到背包客的世界。

我是個再平凡不過的年輕人，出生在一個平凡的家庭，九歲全家移民到中美洲的哥斯大黎加後，除了出生地台灣、美國加州的堂哥家和我所居住的哥斯大黎加以外，歐洲國家一直是我覺得一生一定要去看過一次的人生目標。當然中間我也去過了泰國、巴拿馬、尼加拉瓜等國家，但都沒有這次我去歐洲當背包客的經歷來的精彩。

雖然我平凡，但我的人生過的多采多姿，是個有故事的人生。而這都是因為我做了一個決定，頂著一個大背包，帶著冒險家的精神，跟我的死黨兩人一起，踏入了背包客的行列。

方柏華，出生於台灣、台中人，九歲全家移民到哥斯大黎加，從此過著幸福快樂的童年，直到大學那一年回台灣讀書，才發現原來一直都在混，最後從哥國大學英文翻譯系畢業。喜歡交朋友與到處趴趴走的個性讓人夢想征服全世界！

BLOG：www.wretch.cc/album/xxxmbell2

前言

這本書，既是一本旅遊書，也是一本自傳，更是一本工具書，因為在這本書內，我將會分享我個人跟我死黨去歐洲玩了一個月的經驗，跑遍了九個國家，以背包客的方式，完成了這樣的一個旅程。

或許我們的經驗之談不是最高級、最豪華的旅遊過程，但是如果你跟我們一樣，想在還走得動，還有時間，還年輕時留下當過背包客的回憶的話，那這本書，或多或少一定可以帶給你一些幫助，至少，可以讓你當作參考，因為在書中，我會強調一些該注意的事項，及可以幫助你的一些技巧，當然，這些資訊可能在很多的背包客交流網站上都可以查得到，但有哪本書可以把歐洲主要的幾個國家都玩過，然後整理起來，分享給大家呢？所以，這本《背包客日記》，是本不錯的旅遊書，希望可以在帶給你幫助之餘，還可以順便娛樂到你。

一個國家給每個去過的人的感受是因人而異的，好玩與否也見仁見智，但是出門在外時，每天落腳的住宿絕對是大家一致所在意的，當然，除非你住進酒店，用相等的金錢來保障你的舒適，不然，選對一間溫馨、舒適、服務周到並且有質感的hostel正是我想分享的主要目的之一。其實，在這本書裡，除了住宿是我們省錢的重點之外，自製美食及各國必吃美食也都有它省錢的小撇步喔！不然這樣吃吃喝喝的，還真的會貴死人不「嚐」命啊～

此外，我以日記的方式記錄了這一個月的旅程並在書中的任何角落都有國家小知識、背包客小撇步、住宿（評價，地址，參考照片）和提醒及注意事項以供讀者方便參考，如果你在看這本書時，人已身在歐洲，並且沒有做足準備的功課，那請盡情的照我們的路線去玩吧，但如果你人還沒出發，就盡量做足功課，把我們書裡提到的，我們沒做足的，都列入注意範圍，我相信，你們的旅行一定會很順利的！

1 JAN CONTENTS

SUN MON TUE WED THU FRI SAT

2008.11.27
決定踏入歐洲之地

即將要從英文翻譯系畢業的我，一如往常的在週末跟Peng見了一面，Peng是一位我從小大玩到大的死黨，以下我將繼續用Peng來稱呼這位死黨。見面地點依舊是在老地方，酒吧。那已經是我們每週末固定聚在一起閒聊、討論跟catch up近況的一個習慣了。

見了面後我第一句話就是：「說吧，把詳情說給我聽！前幾天中午，你忽然打給我問說，要不要一起去歐洲玩？這究竟是什麼回事？」原來不久前，我們剛得知Peng工作的公司即將關門大吉，而這是已經無法改變的事實。

當然，大學畢業以後，Peng就開始工作一直到現在，也有一筆存款，暫時餓不死自己，所以接下來這段時間，他想在再次出發前，先去完成他的夢想之一，「the must do of my life」，也順便當作人生中的充電與休息，所以想問我有沒有興趣一起去歐洲玩一圈，目標是一個月九個國家。

而我在聽了這些話以後，確實開始認真的考慮這件事情，畢竟是歐洲耶，一個讓大家都很嚮往的地方。而除了時間、金錢的考量以外，還要想到要如何通過最難通過的一關——老爸老媽的允許。

當然，在經過三番兩次的討論過後，終於得到爸媽的允許，畢竟我決定把我的積蓄全部花掉，絕大部分的錢都是我接翻譯的case賺來的，只有部分需要先跟爸媽借，剩下的都自己出。就這樣，一個月後的今天，我跟Peng站在哥斯大黎加國際機場Juan Santa Maria的Gate，開始了我們的背包客之旅。◆

2 FEB

	Week 1	Week 2	Week 3	Week 4
SUN	044 · 1 法國掰掰 Au revoir la France	065 · 8 濃情巧克力 Diepe affective chocolade	086 · 15 再見了！捷克 Ahoj česká republika	107 · 22 自由活動 Attività libera
MON	047 · 2 倫敦大橋是假的？ The fake London Bridge?	068 · 9 尿尿小童也太小了吧！ ¡Manneken pis is werkelijk uiterst klein!	088 · 16 很高興又見面了，我的朋友 Nett, Sie wieder zu sehen meine Freunde	109 · 23 各走各的路 Sul mio proprio senso
TUE	051 · 3 我愛中國菜自助餐 I love Chinese Buffet	071 · 10 布魯塞爾的怪天氣 Bizar weer op Brussel	092 · 17 我的第一次真的好痛！ ¡Mein erstes Mal, es wirklich Herzen!	113 · 24 回到家真好 Que bueno estar en casa
WED	054 · 4 阿姆斯特丹的紅燈區 Rood lijndistrict van Amsterdam	074 · 11 方向感真的很重要！ ¡Richtung der Richtung ist so wichtig!	095 · 18 我征服少女峰了！ ¡Ich eroberte das Jungfrau!	115 · 25 【附錄】 流浪九國的記帳花費
THU	057 · 5 真是個罪惡城市 Een welke zondestad	076 · 12 正港的德國豬腳 Das reale Eisbein	098 · 19 人在比薩吃披薩 Mangi la pizza a Pisa	26
FRI	060 · 6 沒騎過腳踏車，別說你來過阿姆斯特丹！ ¡Zonder een fiets, don't zegt u in Amsterdam is geweest!	080 · 13 平淡無奇的一天 Obyčejný den	100 · 20 我是觀光客！ ¡Sono un turist!	27
SAT	063 · 7 休息一下 Neem een onderbreking	083 · 14 啤酒？好的，謝謝 Pivo? Ano prosím	103 · 21 今天的導遊很無趣 ¡La guida di turist non è una persona divertente	28

01/24/09 背著背包，所以叫做背包客!?

哥斯大黎加機場裡，提著那借來的背包客專用登山包、自己從台灣帶來的滑板背包、還有一個側背的小包包，出門前有先double checked我的行李、證件、跟現金是否都有帶好。帶著期待與緊張的心情，這時刻終於到來了，我人生中的第一次背包客之旅，一個將會跨足歐洲九個國家的自助旅行，我稱它為：「背包客日記之流浪歐洲九國省錢大作戰之旅」。

在我們決定要去歐洲並買了機票後，陸陸續續的我們都有在做功課，而每週聚集時的話題也從足球、美女、喝酒，改為歐洲行程會議（當然還是一邊看著足球，在一堆美女和酒的陪伴中討論）。

今天的Peng看起來特別的壯，身高一八六的他原本就比一八五的我還要壯上許多，但是那笨重的行李大的使他看起來活像個美式足球員似的，而我的行李也小不到哪裡去，所以兩個人帶著大包小包的在那兒辦理check in，畢竟這是我們精心討論之後的結果，背包客省錢策略下的基本配備有：睡袋、泡麵碗筷、泡麵、餅乾、簡單衣物、洗衣粉、厚重的防寒衣物（歐洲一、二月是寒冷季節），還有那替換用的鞋子跟醫藥箱。

上飛機之前，我們照了這次旅行的第一張照片，心情，當然是期待的。值得一提的注意事項一，那就是到達目的地後的第一天住宿一定要先訂好，有兩個我比較推薦的入口網站，畢竟我們是背包客，不像普通的旅客一樣，所有行程跟住宿都先安排好。

當然你也可以選擇事先把所有行程與住宿都定下來，但這樣一來你就失去了哪裡好玩，想多呆一天，哪裡不好玩，想早一天走的自由，而對我而言，「背包客」又可與「自由」劃上等號，所以我還是比較喜歡Free一點的感覺。

出國前的準備可以注重於幾個大要點，整個旅程的時間分配、每個國家所逗留的時間與地點、國家與國家之間的交通方式及各地觀光景點、各國出入境所需的Visa申請，還有路線都要事先計畫好，才不會浪費時間在無謂的交通上。◆

Hostel訂房網頁（首推）
www.hostelworld.com
www.hostelbooker.com

BARCELONA
MADRID
PARIS
LONDON
AMSTERDAM
Brugge
CHOCOLATE
BERLI
OST
WALL
WEST
BEER
CZ REP.
SWISS
PISA

國家小知識

歐洲有所謂的申根公約國（比利時、荷蘭、盧森堡、法國、德國、西班牙、葡萄牙、奧地利、義大利、希臘、丹麥、瑞典、挪威、芬蘭及冰島、捷克、匈牙利、波蘭、斯洛伐克、拉脫維亞、愛沙尼亞、立陶宛、馬爾他、斯洛維尼亞、瑞士），一般人士旅遊簽證，三個月以下可一證照通行二十五國。

若中途前往非申根公約國後，欲再進入申根公約國，則須申請多次申根簽證，或把非申根公約國國家排在旅途最後，可節省簽證價差。歐洲國家駐台機構有：比利時（代辦赴盧森堡簽證）、荷蘭、法國、德國、奧地利、義大利、西班牙（代辦赴希臘簽證）、丹麥（代辦赴挪威簽證）及瑞典（兼代辦赴芬蘭簽證）。

P.S.我用的是哥斯大黎加護照，哥國和西班牙是邦交國，所以持哥國護照無須簽證就可旅遊申根公約國（Lucky!）。

在台灣和歐盟簽下台灣歐盟免簽證案之後，台灣人持台灣護照就無須簽證即可出入申根公約國及其他歐盟國家，共計三十五國，半年內可停留九十天。這樣一來，大家更可以開始計畫屬於你自己的歐洲之旅囉！

背包客小撇步

背著巨大登山用背包，確實會比較有背包客的Feel，但可以依個人體力取捨是否使用那麼大的背包，畢竟那笨重的行李，只有在國與國、hostel與hostel之間的交通過程才會用到，其餘時間，它不過是被收在hostel裡或是交通工具上放著。

建議可以用大型有輪子的行李箱，另外再帶個普通背包即可，另外，記得帶轉接插頭，因為歐洲有很多國家的電壓及插座頭不一樣，買個歐洲轉接頭組，就萬事OK啦。

提醒及注意事項

在選hostel時，可以依照預算多寡來評估要找的房間人數，人數多的房間比較便宜且不一定比較不舒適，有時四人房會比十人房還來的擁擠，所以看到實際照片很重要，另外最好選附有breakfast, kitchen, free internet, no curfew, 24 hours，以及離地鐵不遠的hostel。

01/25/09

¡Buenos Días España! 早安 西班牙！

大約早上九點多時，我們到達了西班牙首都，馬德里。一出海關第一件開心的事情就是看著護照裡那新鮮的入境章，**Peng**跟我整個像個鄉巴佬一樣的，看到什麼都高興的亂叫。

在一陣瘋狂之後，終於冷靜下來，開始今日最重要的一件事情，找到住宿之地，基本上，背包客都是住**Hostel**居多，有錢一點當然也可以住**Hotel**，但是**Hostel**才是王道！基本上我們的旅行模式是以抓重點式的方式，短時間內遊玩好幾個國家，因此我們決定只去每個國家的首都，其次才是附近第二有名的城市。

因為時間有限，所以每個國家平均只待個二到三天，還要扣除前前後後的交通，所以從一開始計畫的十個國家縮短成九個。一到了地鐵站，精通西文的我們，在簡短五分鐘的討論後，決定各買一張兩天的通行證，此通行證就如同台北的悠遊卡一樣，可搭乘地鐵及公車，唯一差別在於這兩天通行證，沒有金額上限。

而這個地鐵系統，基本上只要是看得懂台灣捷運圖的人，都可以很簡單的上手。到達了第一家**Hostel**（**MAD Hostel**）時，離**check in**還有一段時間，**hostel**基本上都有寄放行李的服務，所以我們將行李卸下後，就先出門去探險，到處走一走。手上拿著機場、地鐵或**hostel**都可以索取的免費地圖，一邊看著附近的觀光景點及公車、地鐵路線，我們走到了轉角一間很醒目的店。

這是一家火腿專賣店，店名就叫做**Fábrica de Jamón**（火腿工廠），這是西班牙有名的店，裡頭有賣各式各樣的火腿，供家庭主婦帶回家料理。同時，店的另一邊有各式各樣的火腿三明治、火腿丁、小菜（**Tapas**）及生啤酒，各式各樣的人們站在吧台，享用著這懶洋洋的休閒時刻。

吃完了**Tapas**，喝完啤酒後，我們決定大膽的坐上公車，目標則是**Museo Nacional del Prado**（普拉多

❶ Fábrica de Jamón（火腿工廠）
❷ 豐富的Tapas

博物館）。坐上公車時，我們被歐洲的公車嚇了一跳，西班牙公車為了縮短人行道與車門的距離，停靠時，車身會傾斜一邊，真的是很新鮮的事情。而另一件出乎我意料的事，就是西班牙其實還蠻多亞洲人後裔的。

我們下車的地方離博物館有段距離，因此我們走了一小段（背包客必定會常常走路），一路上，經過幾個景點都是旅遊介紹上可以去看看、走走、照照相的，但是時間的關係，還是必須選擇比較想去看的東西與地方，但順路的話，管它裡頭是什麼，都會停下來照張相，堅持背包客最高境界「Been there, done that」的精神。

路上我們經過了一個觀光展覽會，有美女與美酒，我們就跑過去湊了熱鬧。到了博物館，買了票，寄放好隨身大衣與包包後，我們在裡頭參觀了將近三到四小時，發現了一件事情，我跟Peng真的不是藝術咖，至少不是古典藝術咖，但這也讓我們知道了我們在這旅程要的是什麼，博物館，耗時間跟金錢的地方！回到宿舍後，可能是因為時差，兩個人都很早就上床休息，結束了我們在歐洲的第一天。◆

美妙的倒酒姿勢

國家小知識

Tapas：也就是「蓋子」的意思，是配酒的小菜的稱呼。十三世紀，西班牙內戰時代，當時西班牙地下水道還沒那麼發達，水源嚴重污染導致酒比水便宜，西班牙人養成了喝酒的習慣，人民不時的都醉醺醺的，因此，西班牙國王阿方索十世下令，任何店每賣出一杯酒就要附贈上免費下酒菜來減緩酒精所引起的作用。而因為環境嚴重污染，蚊蠅塵埃到處飄，就用蓋子來蓋住下酒菜，延傳下來，後人就稱這附送的下酒菜為「蓋子」（Tapa）。

Museo Nacional del Prado

普拉多博物館，西班牙最大的藝術博物館，位於馬德里，收藏從十四世紀到十九世紀歐洲著名的藝術品，有大約五千幅素描、二千幅版畫，七百多座雕塑作品及大約八千六百幅大師們的繪畫作品，其中包含了Velázquez, Goya, Tiziano, Rubens, El Greco, Murillo, José de Ribera, Rafael, Van Dyck、等大師的作品。

普拉多博物館

背包客小撇步

hostel的行李寄放服務是很重要的，有的時候你白天已經check out，但還沒有要前往下個城市，這時候就可以把行李寄放在hostel的行李房，而當你住宿時，也要自己準備幾個大小不同的鎖頭，有些hostel提供的個人或公用置物櫃是要自備鎖頭的。

在博物館或美術館購票時，有的時候國際學生證可以派的上用場，但也並非每次都有折扣的，但帶著學生證的好處在於，要進某些場所時，可以當身份證使用！

住宿

Mad Hostel（六人房，每人每晚十五歐）C/Cabeza 24, Spain/28012, Madrid，個人評價（1～10）：7分，房間佈置簡單、公用電腦只有兩台，早餐簡單、乾淨、年輕有朝氣。

提醒及注意事項

所有的現金一定要帶在身上，並且一定要分成好幾份分開來放，假設真的不幸被搶，就把最少的那些錢給他，花錢消災，畢竟人在異鄉，多一事不如少一事，建議買個霹靂包型的薄暗袋來放現金，而信用卡也是很方便的，建議在整個旅途中，能用信用卡時就多用它，只能用現金時才花現金，而且信用卡也是必須的，因為是線上訂房跟交通時的必備工具。

去過景點 been there, done that!

Antigua Estación de Atocha, Museo del Prado（普拉多美術館）。

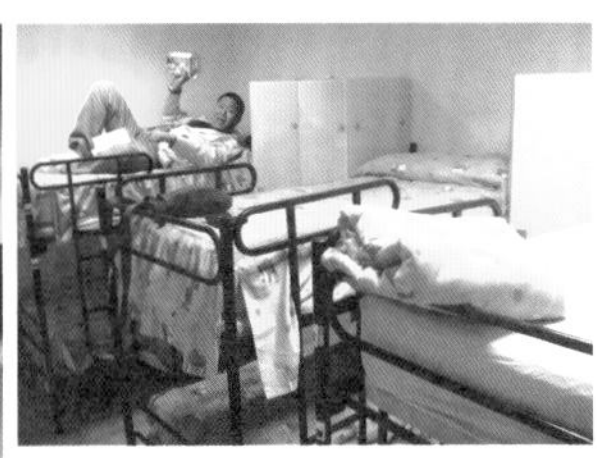

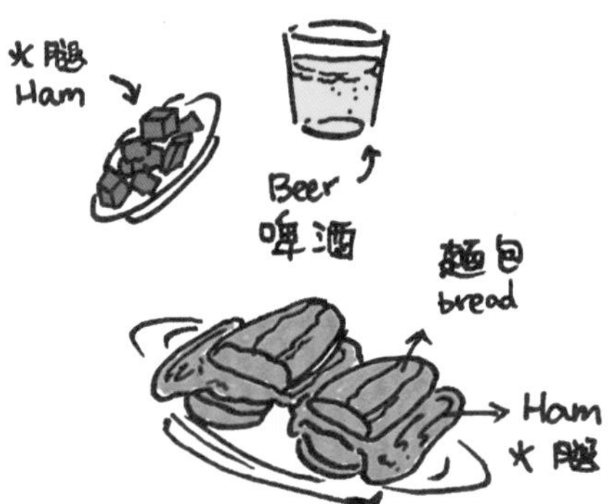

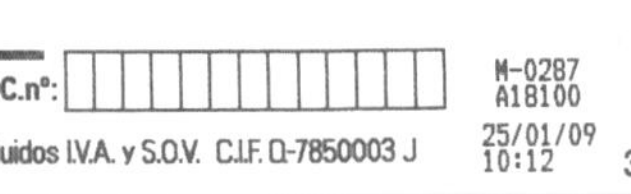

❶ Antigua Estación de Atocha
❷ 博物館入場卷
❸ 這是西班牙馬德里的兩天通行票

01/26/09 Free Walking Tour 免費雙腳走透透之旅

一大早就爬起來的我們，吃了hostel附送的早餐，把行李放進行李房後，就出門前往那傳單上寫的Free walking tour集合地點。半路上，Peng被一家蔬果店前擺著的大大櫻桃所吸引進去，很難想像長得那麼大一隻的Peng超喜歡吃的竟然是櫻桃，由於櫻桃在哥國是非常貴的，所以Peng感覺像撿到寶一樣的邊走邊吃著那櫻桃。

到達集合點後，很不巧的，今天只有我、Peng和另一位女孩子而已，但是很熱心的導遊還是決定繼續今天的行程。因為這種「free」的導遊，沒有固定薪水，導遊一定都會在開始導覽前解釋清楚何謂「免費」導遊，其實並不是真的免費，而是結束後，依個人滿意度，決定給導遊小費，而這就是這導遊忙了一整天下來的薪水了，所以，儘管只有我們三個人，他還是很樂意的帶著我們到處解說。

而導遊除了介紹所有建築以外，還會加上歷史背景，讓整個故事更有趣！一路上的西班牙充滿著舊世紀的感覺，許多建築都是古老式建築保存下來的，儘管如此，這些古蹟卻依然有著現代用途，警察局、郵局、銀行，各個看起來都像是歌劇院似的華麗。

大約走了四小時後，我們看了旁邊的女孩給了導遊七歐及一些銅板，於是我們也各給了七歐，但看在這位導遊非常中肯的個性與態度上，我們大膽的問了一下大概的公定價。因為在這過程當中，我們用中文討論及決定了此旅行中，我們將會繼續參加這種導覽方式，但又想以最低的小費（不被感到吝嗇為原則），來報答那滿意又有趣的解說，而我們得到的答案是：五歐就算多了。

有的人只給銅板，有的三四人合給四歐，所以很不一定啦，但是五歐絕對是足夠的，更大方當然也是有人給二十歐的。導遊在很滿意的心情下（雖然這一攤賺得不多），推薦了我們一家不錯的餐廳，在得知Peng是個大酒鬼後，帶我們來到了轉角的餐廳，我們看了價錢後，覺得還可以接受，就進去坐了下來，當然，免不了的是，導遊應該也跟這家店有合作關係吧！

一人九點五歐的午餐，是個簡單套餐，除了一開始的麵包與奶油、小菜醃橄欖、中間的濃郁南瓜湯、到最後一個人一盤牛排、豬排和薯條外，最令人期待與興奮的就是那瓶紅酒。

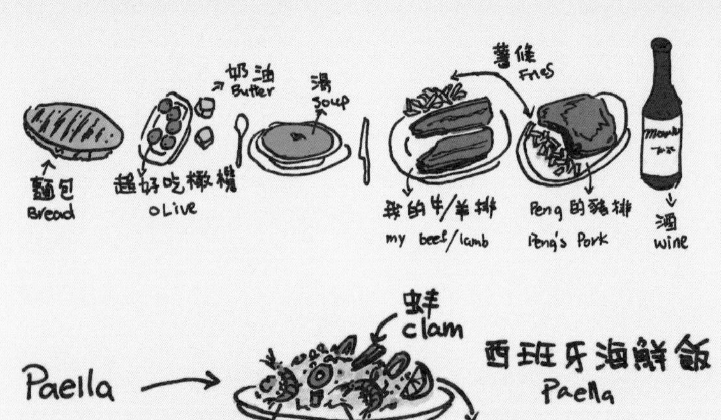

在歐洲，紅酒的價錢很便宜，並且可以買到品質不錯的紅酒，當然也算不上上等的酒，但以同樣價格來講，品質已經超過在其他國家所能入手的了。快樂的吃完午餐跟甜點後，我們回到了hostel拿行李，前往下一間hostel，這間hostel（Hostel One Centro）是我們昨天晚上訂的，我們這麼做是為了先多住幾間後，才能很正確的掌握hostel的優缺點，才懂得之後該怎麼篩選。

背著笨重的背包，我們用走的走到比較繁榮的一區，找到住宿時已經是下午了，check in、整理好東西後，我們發現了對面的店竟然就是我們兩個都超愛的Zara服飾店，對我們來講，Zara就像是紐約品牌Kenneth Cole一樣，但由於是當地品牌，新貨的價錢竟然是哥國Zara特價的價錢，更別說那些特價品了，不用說，我們大量的血拼了一回，一向重質不重量的我，只買了兩件衣服（其實是因為才第二天，所以不敢花那麼多錢）。

回hostel放好東西後，問了櫃台哪裡有賣道地的Paella（海鮮燉飯）後，我們跑去逛街跟吃晚餐。一排的餐廳，每一家都有賣Paella跟Sangría，於是我們就找了一家看起來最多人、佈置最有當地特色的餐廳，各自點了啤酒。隨著這啤酒來的，當然就是Tapas，而Peng在喝完了啤酒後，又點了一杯sangría，我們為了要省錢，但當地美食不能少，所以我們一起點了一份paella，道地的海鮮燉飯，果真特別入味。

❶ 西班牙海鮮飯
❷ 你也會做Sangria

邊吃東西邊跟Peng討論到目前為止的資料，跟接下來該如何進行。飯後，我們去逛了百貨裡的超市，為了就是要看物價如何，畢竟之後是要自己下廚的，回到hostel，上網弄好了明天的行程後，我跑去了廚房泡了一杯免費的茶，洗個澡，就上床睡覺了。◆

國家小知識

Paella：西班牙must eat之一，西班牙大鍋飯，名字來自於拉丁語的patella，即是「鍋」的意思，這是西班牙用在慶典上的一道美食，特點在於那鍋身大、淺而平的專用鍋，其基本材料有米、橄欖油、藏紅花、海鮮或肉，但最常見的還是海鮮口味，所以通常paella被翻譯成海鮮燉飯。

在各種場合跟由來當中，其中一種叫做paella de domingo（星期日的paella）是最有趣的，因為這個習俗在於，星期日，家中的男人要下廚煮美味的paella給辛苦了一個禮拜的太太，而如果把paella拆開來寫的話，也可以解讀成para ella（獻給她）的意思，很羅曼蒂克吧！

Sangría：西班牙道地調酒，十九世紀，從伊伯利亞流傳過來的飲品，主要是把水果切丁後與紅酒、糖或蜂蜜、少許的白蘭地合成的飲料。Sangría的名字來源大概跟它的顏色有關，sangre的意思是「血」，不過因為有些地方也會用白酒來調sangría，並且取名為sangria blanca「白sangría」。

背包客小撇步

在歐洲，只要是比較大的國家，或是觀光比較發達的國家，都一定有tour公司，而這些公司除了提供旅遊相關的諮詢以外，還有訓練一群free walking tour的導遊。

這跟一些paid walking tour的導遊不一樣的是，前者不需要付訂金、不需要預定，後者除了要事先打電話訂下出席人數、不然人數不夠不出團以外，這種的團也會比較死板無趣一點，原因就在錢都已經進入他們口袋了，他們只要像背書一樣的把所有東西講完，即可收工，但靠小費維生的導遊，卻會努力的把整個旅程帶的有趣及值得。

如果體力比較無法走太久的也可以考慮bus tour，雖然比較貴，但是也另有一番風味。

住宿

HostelOne Centro（八人房，每人每晚十五歐）Calle Carmen 16, 28013, Madrid，個人評價（1～10）：9分，地點佳、用心裝潢、廚房設備齊全、衛浴舒適、布置溫馨但沒附早餐。

提醒及注意事項

雖然我們是背包客，覺得就是要省錢，但是難得出國一趟，難免會遇到值得買的紀念品，或是比國內還便宜的東西，所以最好不要帶大小剛好的行李箱。相信我，整個旅行中，一定會購入大大小小的東西，就像我們遇到了比國內還便宜的名牌服飾店，就買了幾件，一個月下來，行李會越來越大，而不夠大的行李箱只會讓你不知該如何是好！

另外，如要省錢，吃的絕對是重點，不過遇到了各國道地的美食，不吃吃看又對不起自己，建議可以像一群人逛夜市的方式，遇到就買一份來share，這樣不會花大錢，又可以品嚐到道地的食物，而正餐，當然就是自己煮為上上策嚕。

去過景點 been there, done that!

Plaza Mayor（主廣場）, Plaza del Emperador Carlos V, Paracio Real（皇宮）, Plaza Puerta del Sol（太陽門廣場）, etc.

METROPOLIS

01/27/09

Nuevos amigos de Barcelona 巴塞隆納的新朋友

今天一大早，我們帶著我們的行李，離開了馬德里，前往西班牙的第二個城市。買了一張單程的地鐵票，到達了總站，這總站跟台北轉運站一樣，因該是說，歐洲早就把地鐵，火車以及客運整合起來，但跟台北不一樣的是，台北是往上蓋，西班牙則是往下蓋。到達巴塞隆納的客運要坐七個小時，中途除了睡覺休息以外，就只有中途下休息站小號與買中餐。

在這裡我簡單的買了一個三明治與汽水，而到達目的地時已經是晚上了，很快的，我們買了另一張車票，到達hostel（HostelOne Sants）並check in後，就出門去附近找晚餐，然而，附近的餐廳都不便宜，走著走著，我們看到了麥當勞，就走了進去，赫然發現，麥當勞的economic burgers，單買的話很便宜，一個cheese burger只要一歐，整個很划算，所以我們晚餐就在麥當勞解決了。

回家路上，我們經過了準備關門的雜貨店，而且還是東方人開的，逛著逛著，我們買了隔天的早餐（這間hostel的早餐要付費，但有廚房，所以我們打算自己煮）。回到hostel，我們來到電腦間，上網敲定接下來的行程，這時候，在旁邊的三位女孩（二位亞洲人、一位印度人）跟我們點了個頭打了招呼，而我就很大方的開口問他們哪裡來的、待多久……等等的問題。

這三位女孩是加拿大的建築系碩士學生，將要到瑞士交換學生一學期，開學之前先來西班牙玩一個半禮拜，二位東方人是香港人後裔，就這樣我們交了此次旅行的第一批朋友，並且約好等我們玩到瑞士時，要約出來一起吃個飯，感覺能再遇到的話，真的是很有緣。◆

國家小知識

在歐洲，連鎖快餐常常會比餐廳來得便宜，但是那也只是對於食量小的人。大城市之間的交通可選擇飛機、客運或火車，其中的差別除了金錢以外，就是時間。如果想省錢又不是很趕時間的話，客運將是最佳選擇，適當的在這三種交通工具中替換，可以完美的省下許多時間與金錢。

背包客小撇步

每當你一到達目的地，確定是否有廚房、所會待的時間後，建議在當天用剩餘時間去購買伙食，因為幾乎所有的walking tour都是在白天，所以將待在這個城市所需的伙食計算好、採購好，把要離開時的交通工具與時間訂好、確定下個目的地的hostel等，都是首先必須完成的事情。

當你住到一間好的hostel時，通常規模都有一定的水平，同樣的，這家hostel很可能在其他城市或國家也都有設hostel，這次我們在巴塞隆納住的Hostel One Sants就是跟我們在馬德里住的HostelOne Centro是同一老闆，另外在其它國家也有他們的hostel，我們因為對之前的滿意度很高，就很大膽的選擇了他們的hostel，另外，訂連鎖的hostel的好處在於，櫃台可以直接幫你撥打電話詢問是否有空房並預定。

住宿

HostelOne Sants（六人房，每人每晚十三點八歐）Calle Casteras 9, 08028, Barcelona，個人評價（1～10）：8分、用心裝潢、廚房設備超齊全、衛浴太少要排隊、佈置溫馨但沒附早餐。

提醒及注意事項

所謂「在家靠父母，出外靠朋友」，在當背包客時是真的可以感受到的。不管是住進同房間的或是只是住進同hostel的房客，大家都是抱著同樣的心情出來玩的，而絕大部分的人都會很樂意交朋友的，今天在這裡遇見了，很難說你們不會在另一個國家再遇上。

像我們認識的新朋友，她們會比我們先到達瑞士，所以我們可以請已經比較熟悉瑞士的她們帶我們認識那地方，當然，如果你們是女生單獨旅遊，也要格外小心，以免真的不幸遇到壞人，交朋友歸交朋友，還是要有看人的眼光就是了。

去過景點 been there, done that!

巴塞隆納火車站。

ALSA
ARATESA
CIF: A80239528
Origen: MADR-A.AME
Destino: BARCE NORD
Fecha de salida: 27/01/2009 Hora de salida: 10:00
Bus: 1 Asiento: 34
Tipo de servicio: Normal Precio (IVA incluido) 27,96
Línea: MADRID-BARCELONA
Localizador: 11nicn
Tipo de tarifa: normal
Nº de Billete: 570-1-999-1362847
Viajero: Po Hua Fang
DNI: 800350614
Fecha emisión: 2 .01/2009
REVISE FECHA BILLETE AL COMPRAR. VENTA DE AURICULARES EN PUNTO DE VENTA
1

istema tarifari integrat
Regió Metropolitana de Barcelona
LOT TH5
B.SENZILL
VÀLID PER METRO O BUS TMB
1 VIATGE. TÍTOL NO INTEGRAT
CIF A08005795
12803 270109 1823
TMB Bus i Metro / Bus / FGC / Tram / Renfe
ATM Autoritat del Transport Metropolità
2

❶ 從馬德里到巴塞隆納的票
❷ 巴塞隆納車票

01/28/09

神秘的香檳餐廳

Champagneni

今天的早餐大概是這次的旅行裡最豐盛的一頓了，昨晚買回來的冷凍食品，原本各買各的早餐在我們各自準備好了以後，我提議我們一人分給對方一半，結果我那一袋兩人份的冷凍海鮮炒飯、Peng買的冷凍批薩、一起合買的雞蛋，弄起來再分成兩人份，整個就是超豐富的早餐，使其他在吃付費早餐的人看的是又羨慕又嫉妒，昨晚認識的新朋友也覺得我們很厲害，還問了我們東西在哪裡買的。

吃完早餐後，趕緊去walking tour的集合地點，這次的集合地點與結束地點都是在同一間酒吧，我們整整在巴塞隆納繞了一圈，結束時，導遊很親切的請我們大家喝一杯，在大家閒聊之餘，每個人都圍繞著導遊，詢問許多大家想去看的景點、該怎麼去、有哪些值得推薦之類的，而再次的，導遊得知我們是兩個愛喝酒的傢伙時，導遊提供了我們一個很好的路線。

先去巴塞隆納的人造海灘走一走，中途經過當地中央市場、碼頭、哥倫布紀念碑，最後到達一間很難找的神秘香檳小吃店。這家香檳店據說很有名，但是開在小小的巷子內，而且沒有任何的路標與招牌，完全要靠老饕報給你知，隱密度高到你還不一定找得到。

好在我天生方向感很好，在走了好一段路後，終於在一條巷子內，看到一個很不起眼的門但卻擠滿了人，

巴塞隆納的人造海灘

每人一手一杯香檳，另一手拿著類似三明治的小吃。原來這裡有名的就是，你只要在指定的時間內來這裡消費，買任何一份小吃（最便宜的才一點五歐），即可任選一瓶香檳，種類有四到五種可以選，而且也不是品質太差的香檳，就這樣，才下午三、四點，我們倆就微醺的走在巴塞隆納大街上，整個很嗨！

打算邊走邊找出地圖上步行就到達得了的三個安東尼・高地的有名建築，這三個都是位於市區裡頭，也都正常使用當中。晚上，我們回到hostel，兩人合力下廚，做出了美味超大盤香腸紅醬義大利麵，讓今天完美的劃上了句點。◆

❶ 中央市場
❷ 碼頭

Columbus Monument（哥倫布紀念碑）：此紀念碑高六十米，位於哥倫布第一次航行到達美洲後，返回西班牙的地點，以提醒人們，巴塞隆納乃是這個最著名的航行後，哥倫布向伊莎貝拉一世和斐迪南二世報告的地點。

國家小知識

Gaudí（高地）：一八八五至一九二六，西班牙建築師，與生俱來的幾何學及空間學天才，年輕時受父親影響，來到巴塞隆納讀建築，最有名的建築是Sagrada Familia（聖家堂），過世後也被葬於聖家堂。高地花了四十三年的時間在這作品，但一九二六年六月七日的下午，當他高地從聖家堂工作完畢離開時，被一輛電車撞倒，當時他衣衫破舊，路人以為是流浪漢，被送到醫院，三日後過世。其它作品有Casa Vicens, Casa Mila La Pedrera, Casa Batlló, etc。

❶ 聖家堂
❷ Casa Mila La Pedrera
❸ Casa Batlló

哥倫布紀念碑

背包客小撇步

在一天中，背包客可以達成的目標可以很多，但前提是要先排除所有必須要排隊、門票、參觀的景點。也就是說，如果時間有限，歐洲的很多景點都可以簡單帶過，知名建築物、風景都是可以在一天內完成好幾個點的，除非你打算在該城市呆上一個禮拜，那大可花一整天逛一個美術館，不然，走馬看花的方式絕對是最理想的。

基於前兩天的實驗，我們發現買兩天的通行證下來，並沒有坐到那麼多次的交通工具，但是買單程又比較貴時，可以選擇這兩天來我們在巴塞隆納買的十次通行票，而我們兩個人一起分攤，所以我們總共可以坐五次，又有折扣。

住宿

HostelOne Sants（六人房，每人每晚十四點五歐）Calle Casteras 9, 08028, Barcelona。

提醒及注意事項

巴塞隆納有許多的景點，但是並不是每個景點都是全年開放給觀光客參觀的，所以想去哪裡前，先詢問導遊或hostel櫃臺，以免白跑一趟。

去過景點 been there, done that!

Barrio Gotico（哥德區）、Catedral（大教堂）、Plaza del Rey（國王廣場）、Templo de la Sagrada Familia（聖家堂）、Columbus Monument（哥倫布紀念碑）、Moll de Sant Bertán（人造海灘購物中心）、Champagneni隱密香檳餐廳（Av. Mqués. Del'Argentera, C. Gral. Castaños 附近）。

巴塞隆納10回車票

01／29／09

¡Aficionados de football & Zara!
足球迷與Zara迷！

這是我們在巴塞隆納的最後一天，下午我們將要搭飛機去巴黎，剛好我們前兩天上網查到了便宜的Vueling機票，還算可以接受範圍內，時間搭得上，所以我們就選擇了飛機。

這天早上，我們早餐隨便吃一吃後，正在想到底要去哪裡耗掉我們剩下的半天早上。Peng是個超級足球迷，好死不死的又剛好是巴塞隆納隊迷，所以他堅持一定要去FC Barcelona（巴塞隆納足球俱樂部）看看。

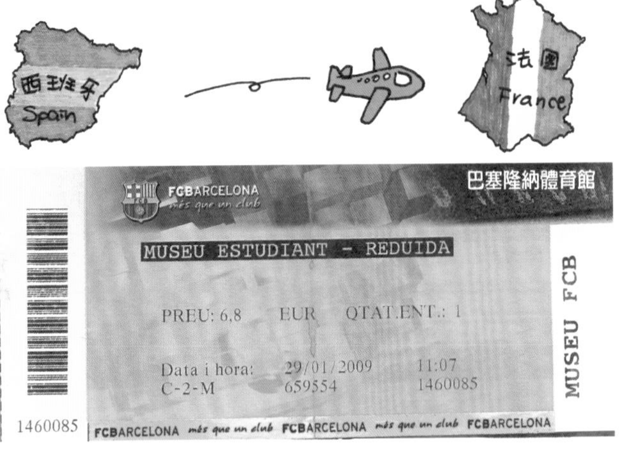

我沒其他意見，所以我們這就來到了體育場，這足球俱樂部大的可以，除了有世足規格的足球場以外，其他運動賽事的場地也都樣樣具備，甚至還有一個博物館。由於時間緊湊的關係，又剛好稍晚巴塞隆納球員要到那場地練習，所以球場的參觀時間只剩一點點，我們就決定只買進去博物館參觀的入場卷。

老實講，不是特別愛的景點，進去參觀還要掏腰包時，真的會有點不舒服，不過既然是跟好友一起來玩，各讓一步也是應該的，不然接下來的一個月該怎麼辦，是吧？不過話雖這麼說，但是人都來到這觀光地了，還是會樂在其中的啦。

在慢慢的參觀完一堆足球歷史後，Peng忽然發現了一項事情，那就是博物館與足球場是相通的，Peng找到了一個門，進去後竟然就是那足球場，因為球員們還沒到來，所以還不會被趕出來，我們就在那裡照了幾張相後離開，離開時，還剛好看到明星球員與記者呢！

後來在回家的路上，經過了一間Zara旗艦店，當然我這個超級Zara迷說什麼都要再進去逛一逛，這裡我必須說，我真的不是購物狂，不過對於那該死的天氣，冷的要命又有便宜名牌可買時，不買真的對不起自己啦，因此，我跟Peng各買了一件西裝外套，我還多買了一件厚的紳士外套，只有一個字，爽！

我們是今天下午的班機，匆匆忙忙的趕到機場後才發現，我們的班機莫名其妙的取消了，而且還沒有事前聯絡旅客，而航空公司方面為了要撫平旅客的不滿，把我們安排在下一班飛機，在check in的時候給了我們一人一張十二歐的機場內消費卷，也因此，我們在等飛機時跑去大吃特吃一頓，就這樣，我們滿足的上了飛機，離開了西班牙。

由於班機停飛，我們坐上了晚了幾個小時後的班機，到達巴黎時已經是晚上十點多了。當我們下飛機、一邊前往資訊台的當中，我發現了一件事情，那就是很豬頭的我忘了把今晚訂的住宿地址、聯絡電話和要如何到達的方式抄在紙上。

因為整個旅行，我算是比較有方向感跟計畫性的那一個，所以雖然所有決定是兩人討論後才定結論，但結論後的準備都是我在弄的。這下囧了，但還好靈機一動，在機場找了一台付費上網電腦，只要能進mail信箱，就能查看訂房確認信上所有的資訊。

在終於查到我們要找的資料，跑

去資訊台問要如何坐車時，更慘的事情發生了。原來我們定的那間hostel離機場很遠，雖然我們在訂房時有確定從機場可到達，但是那麼晚了，要坐車到那裡有點麻煩跟危險，所以經過快速討論之後的決定是，先去之前看過離那裡比較近的hostel，碰碰運氣看有沒有房間。

　就這樣，我們坐上了公車，兩個人帶著忐忑的心情，下了車後還要走好一大段路，終於，我們到達了目的地。果然，老天疼帥哥，ㄟ～不是啦，是疼好人啦！櫃台跟我們說，全部都客滿了，如果真要賭賭看，就在lobby等到凌晨兩點過後，看有沒有人退房或是有訂房但沒到的。

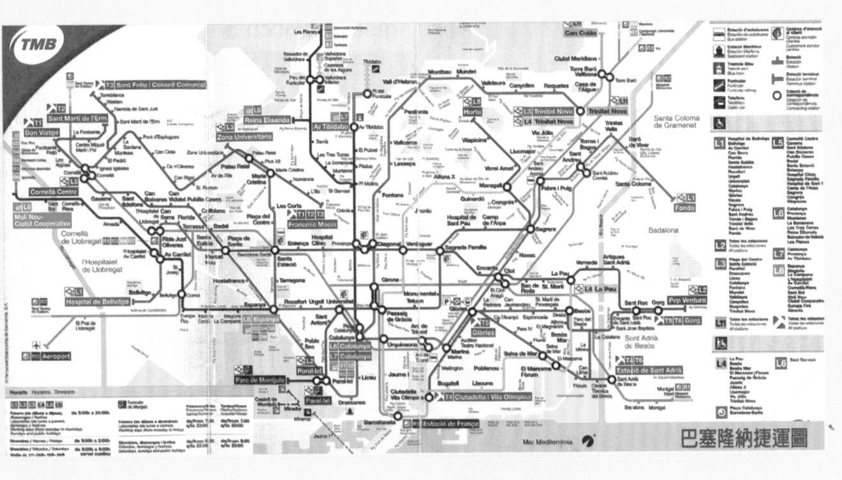

巴塞隆納捷運圖

　很幸運的，等不到一會兒，說是有人線上取消了訂房，有一間十四人房的問我們要不要住，我們當然二話不說，連考慮都不考慮就直接把錢掏了出來，馬上說要住啦。一進房時，有幾位室友已經在睡覺了，所以我們小心翼翼的放好自己的東西，打算到樓下去吃泡麵，餵飽肚子。

　這時候有位女孩室友進來換衣服之類的，我們簡單的打了聲招呼後，沒想到到樓下又遇到她了。有些規格比較大的hostel（St. Christopher's Inns）會在自己的hostel開club，夜店是他們的收入來源之一，而這間也不例外。正當我們坐在那兒準備要吃泡麵時，那女孩跑了過來，一坐下就開始聊天，不過也就是基本的一定會問的問題，你打哪來？待多久？做什麼的？……等等。小聊了一下後，說是一群人要去別家夜店續攤，是一家很屌的夜店。我們當然不肯錯過啦，快快吃完泡麵，隨隨便便刷了牙，換了西班牙Zara新買的衣服後，就一同出門了。

　不過，事情果然沒有那麼順利，因為天氣太冷，又沒有夜間公車，所以我們決定分攤坐計程車，到達後，那大排長龍的人群整個讓我們傻了眼，在一個冷到爆的半夜，一群剛認識的朋友在夜店外頭排隊，我們等了大概半小時或多一點，大夥兒也決定放棄了，就又花了計程車錢回hostel，白白浪費了我的摳摳，最後還是回到hostel睡覺，結束了這不順的一天。◆

國家小知識

在歐洲，有很多小間的便宜的航空公司，上網查詢就可以找到比較有名的幾家，同時也是比較多航線的幾家，EasyJey或是Vueling都是不錯的選擇，如能提前一至兩個禮拜訂票，價錢可是很便宜的，但唯一的缺點是，歐洲內小公司班機很常誤點或取消，實在是讓人哭笑不得。

FC Barcelona巴塞隆納足球俱樂部：成立於一八九九年，主要球場為Camp Nou（諾坎普體育場），可容納九萬八千六百人，是全歐洲最大及全世界第三大的足球場。此俱樂部有名在於他的多元性，除了足球以外，還有專業的籃球、手球、冰上曲棍球以及室內足球場，如果你也是足球迷的話，千萬不可錯過這個景點。

Zara：Inditex Group旗下子公司，西班牙品牌連鎖店，同母公司下的牌子另有Missimo Dutti、Pull and Bear、Stradivarius和Bershka。Zara曾被路易．威登的時尚大師Daniel Piette稱為世界上最有創新能力且最恐怖的零售商。對此品牌不瞭解的人，可以把它跟MNG相比，兩品牌在西班牙不相上下。

Charles de Gaulle & Orly & Le Bourget戴高樂機場、歐里機場及勒布爾熱機場：Charles de Gaulle是法國巴黎的主要國際機場，是以法國將軍、前總統Charles de Gaulle（一八九〇至一九七〇）的名字命名的。Orly機場是巴黎航線第二頻繁多的機場，最後才是Le Bourget。

背包客小撇步

每個人都是不同的個體，要找到百分百個性很合的人幾乎是不太可能的，就算是從小玩到大的死黨也不例外，所以一起出門旅行的同伴，要適當的溝通及讓步，不要讓小事情把氣氛搞壞了，導致接下來分頭旅行，而這真的是會發生的事情，畢竟是背包客，沒有跟團的顧慮。

訂房：經過這幾天下來的收穫是，房間人數真的跟舒適感不是對等比例的，這次住進的十四人房超級舒適，不管是設計或是空間上的運用都很舒服，但是記得訂房後的資料一定要抄好，畢竟一離開hostel，就是無網路的世界了，而且一定要確認交通工具的方便性，以免發生跟我們一樣的問題，同樣是巴黎內，但是卻到不了。

住宿

St. Christopher's Inns Paris（十四人房，每人每晚十七點九五歐）159, rue de Crim'e, 75019, Paris，個人評價（1～10）：9.5分，地點佳、用心裝潢，雖沒廚房但衛浴舒適、布置溫馨且附不錯的早餐。

提醒及注意事項

由於歐洲航空公司蠻容易在時間上出差錯，我們就遇到了三次，而其中一次聽旁邊的旅客說，任何只要沒有按時起飛的班機，旅客可以跟公司抱怨要求消費卷，雖然頭一次是他們主動發給我們的，但後面兩次我們都沒有去要求，只有傻傻的在那裡等，實在是吃了悶虧，所以如有類似情況，可以去詢問看看，反正問問又不用錢，拿到消費卷，去吃個東西，喝個咖啡，等待也變成了另類的享受了，不是嗎？

去過景點been there, done that!

FC Barcelona（巴塞隆納足球俱樂部），Zara旗艦店，巴黎某家夜店的門口。

01/30/09

¡Si petit est le monde!

這世界真小！

一大早的，hostel餐廳裡擠滿了吃早餐的人們。這是我們到目前為止住過最大間、規格最大的hostel，如果hostel也有在打分數的話，那這家絕對有六顆星。

住hostel的樂趣之一也是可以隨時隨地跟陌生的女孩子聊天，不過今天的我們並沒有這樣做，因為唯一剩下的位子只剩下吧台那兒，剛好昨晚認識的女孩坐的桌子那兒有兩個位子，她看到我們後就揮手叫我們過去一起坐。

這兒吃早餐的人多到爆，法國麵包打狗棒供不應求，每次麵包一端出來，就看到一群飢餓的年輕人瘋狂的搶著麵包，而蝗蟲過境後，Peng搶到了半條麵包，而我只能乖乖的吃我的早餐麥片。不過沒關係，接下來有趣的事情發生了，由於昨晚我們很晚才住進來，沒時間弄接下來的行程。

吃完早餐後的我們，坐在餐廳裡上網訂好兩天後的客運及住宿後，我連上了我的MSN，準備更改我的暱稱，更改暱稱是為了老爸在無須聯絡上我即可從我離線的暱稱上知道我人在哪，我當時改的暱稱是「巴黎，真的冷爆了」，這時候有一個人在MSN敲了我，以下是我們的對話內容：

女：你要來巴黎喔!?（應該是看我暱稱猜想的！）

我：ㄊ~我人已經在巴黎了啊！（我看了照片，認不出這是哪位~）

女：真的假的~你在哪？

我：阿就……巴黎啊~（還是想不起來是哪位，感覺跟我很熟，但我不記得有認識的熟人在巴黎啊！）

女：要在巴黎待多久？，要不要約出來？剛好Reiko也在巴黎呢！（Reiko又是哪位啊？我整個真的霧煞煞，直接問又覺得很抱歉，努力套話中！）

我：呵呵……好啊，這是一定要的啊！（約出來就知道了，沒在怕的，要有冒險家的精神~呵呵）

女：等等，你記得我是誰吧!?（尷尬的問題來了……），我應該很好認吧！（希望一看到可以馬上想起來，反正在法國街上遇到熟人的機率會有多大!?）

我：知道啦，那你應該也認得我吧？（因為都約好了，但我還想不起來，對不起啊！）

女：恩，看你照片都沒什麼變啊，不然你也認得我啊！那我們下午一點約在Saint-Germain-Des-Prés地鐵站碰面。

我：喔，恩!?可是現在已經12點多了耶

女：是啊，所以你現在該出門了……待會見！

我：……（靠！趕快下線做最後的行程確認跟抄好資料）

就這樣，短短的幾分鐘，決定了我們今天的活動與去向，趕緊跟Peng解釋了來龍去脈、快速的準備好後，準時的到達碰面地點。好在在看到對面街等紅綠燈的女孩的瞬間，我終於解開了心裡的那個謎，原來是以前的大學同學，一位曾經在通識課坐在旁邊的同學，跟她借過幾次筆記、卻以比她高分過了那一門課的同學。

沒想到，畢業後的她竟然在法國深造，而另外一位Reiko，則是有過一面之緣的日本籍模特兒，曾經到

法國的潛艇堡

朋友的鮪魚
Friend's Tuna Sandw.

我的火雞
My Turkey Sandw.

Peng的燻火腿
Peng's ham Sandw.

台灣拜訪我同學，而我在台北街上巧遇她們兩個，就這樣認識了。見了面以後，大家先簡單的自我介紹，隨而帶我們去吃午餐，一間簡單的潛艇堡店，每個人都點了不一樣的潛艇堡，不算很貴但很好吃。

午餐後，一路上聽她們講解法國的種種，也經過了兩三個景點，照了幾張相，其中比較有名的是Cathédrale Notre-Dame de Paris（巴黎聖母院大教堂），雖然我們對它的歷史背景不是很熟悉，但是我們知道小時候看的鐘樓怪人，就是以這座教堂為故事背景，所以特別興奮！我們還在那有名的Point

巴黎聖母院大教堂

Point Zéro

Zéro（原點）照了相，據說那是法國的中心點。

看完教堂後，我同學決定請我們吃晚餐，說是晚上去她住的地方，她要親自下廚烤雞，所以我們幾個人先去Reiko家喝下午茶，休息一番後、兵分兩路。Reiko跟Luic（法國人同學）陪我跟Peng一起去參觀Musée du Louvre（羅浮宮），因為說是星期五下午過後進去參觀不收費，而且Reiko剛好也還沒進去過。

而我同學與她另一位同學先去買晚餐材料，稍後直接到同學家聚集。當晚我們看了我最期待的玻璃金字塔、倒金字塔以及蒙娜麗莎的微笑（比想像中的還要小一幅）。

到達公寓，同學與她室友都已經弄得差不多了，很熱心的買了兩隻雞回來自己烤，而味道如何，我只能說心意到了最重要啦！當然，住在法國的她們，吃飯配酒也已經是基本配備了，就這樣，在佳餚、美酒、水果和茶的陪伴下，這一天在歡笑與合照裡結束。◆

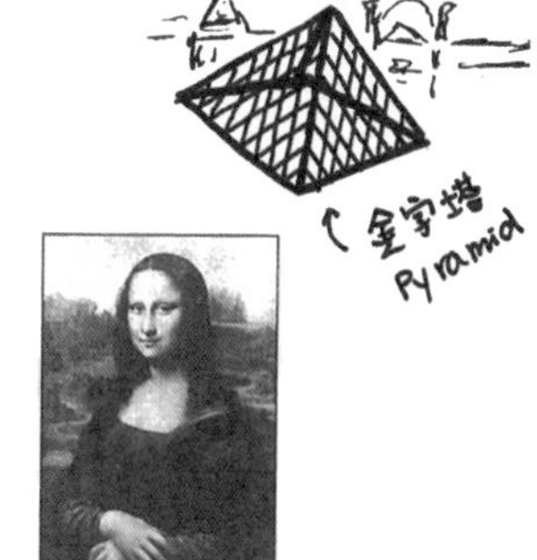

很小的蒙娜麗莎
The "small" Mona Lisa

國家小知識

來到法國當然就要來巴黎逛一逛，巴黎內幾個有名的景點是一定不能錯過的，Cathédrale Notre-Dame de Paris（巴黎聖母院大教堂）：位於法國巴黎市中心，大約建造於一一六三至一二五〇年間，屬於Gothic（哥特式建築）。除了教堂建築本身以外，聖母院門口外廣場上有個Point Zéro（原點），據說是法國用來丈量全國各地里程時所使用的起測點、以及鐘樓怪人的故事起源都是聖母院的觀光特色。

Musée du Louvre（羅浮宮）：位於巴黎市中心的塞納河邊，原是法國王宮的羅浮宮建立於十二世紀末。法王腓力二世當時只把它當作放王室財寶和武器的地方，法王查理五世（十四世紀）是第一位住進羅浮宮的法國國王，之後的法王都沒住入羅浮宮，直到一五四六年，佛朗索瓦一世才成為住入羅浮宮的第二位國王。

羅浮宮內分為幾個庭院，分別是Richelieu Wing, Sully Wing, Denon Wing，而幾個著名的收藏有：有翼聖牛、米洛的維納斯、薩莫特拉斯的勝利女神、蒙娜麗莎、聖母、聖子與聖約翰等大師級作品，另外的吸引之處在於達文西密碼電影情節的關係，身為Dan Brown迷的我，當然是不能錯過電影出現過的場景與那幾幅畫啦。

背包客小撇步

在這裡，除了之前提到過的Free walking tour以外，還要推另一種tour，同公司所規劃的夜店tour，給所有的Party Animals，這種tour跟Free tour的差別在於，要事先付大約十二歐（因國家不同，價錢也不同），然後到達tour集合點後，一起出發，帶你到四間不同風格的酒吧後，最後還有一間不錯的夜店（包括夜店入場卷、免費一個shot及消費折價），雖然比較花錢，但這是一個快速認識新朋友的方法。

住宿

St. Christopher's Inns Paris（十四人房，每人每晚十七點九五歐）159, rue de Crim'e, 75019, Paris。

提醒及注意事項

如果到一個國家，想要去逛街購物的話，最好是運用沒有安排任何跟團活動的時候，畢竟到了陌生國家時，光花在找去跟回家的路就會花上你一堆時間了。另外，出外靠朋友，除了遇到本來就認識的朋友以外，如果是旅遊半路上認識的，還是要小心一點，以免真的出事了才後悔當初的不小心，雖然身為男生的我們不怕被失身、但也還蠻怕失財的！（失身還蠻歡迎的啦～哈哈，開玩笑的啦！）

去過景點 been there, done that!

Cathédrale Notre-Dame de Paris（巴黎聖母院大教堂），Musée du Louvre（羅浮宮），Fountain at Place St. Michel。

01／31／09

Sur le dessus de Tour Eiffel

攻頂艾菲爾鐵塔

再次的經歷早上的蝗蟲過境式早餐搶奪戰後，我們跟著一群人出發去Free walking tour，今天的導遊是個龐克粉紅色頭髮的美國人，整個非常的另類，但是卻非常的幽默，搞的整個tour過程都很有趣。一路上我們看了很多景點，也瞭解到了許多歷史故事，其中我們又簡單的經過羅浮宮以及幾個有名建築。長達三個小時多的tour在Musée d'Orsay博物館前結束，由於時間上的關係，傳單上所列出的景點並沒有全部都走完，因此，在各自離開後，我們決定往那看起來沒多遠但其實還蠻遠的艾菲爾鐵塔出發。

Walking Tour的帥氣導遊

我們走了將近二十分鐘的路程後，終於來到巨大的巴黎鐵塔前，鐵塔前依舊是一堆觀光客，大家都在排隊著要買票上去爬鐵塔。今天的天氣實在是非常的冷，其實溫度是還好，冷的是那個風，每當有風吹來，就會冷到爆。

說真的，原本我是不想花錢受罪的，不過在Peng的堅持下，我們最後決定挑戰爬艾菲爾鐵塔，畢竟有些人是搭乘電梯上去（電梯需另付費），我想說既然都來到這裡了，就爬吧，至少之後可以跟人說，看過巴黎鐵塔不稀奇，要親自爬過它才算屌！就這樣，我們爬了快將近

一千七百一十一個階梯，一邊爬一邊抱怨怎麼那麼高、那麼冷的努力往上爬，本來心裡就有個底，但沒想到真的是冷到爆，因為上頭的風無敵大。

巴黎鐵塔後的下個目標則是凱旋門，拿著手上的地圖，慢慢的走到凱旋門，在看到凱旋門的時候，真的很興奮，但是問題來了，我們發現凱旋門位於一個超級大的圓環內，此圓環大概有五到七車道左右，正當我們還在路邊研究要怎麼過到圓環內時，旁邊看到一群年輕日本觀光客，整個很大膽白目的直接慢慢的走過大馬路，一邊舉起手表示要車子停下來讓他們先過，整個就是很傻眼！

當我還沒找到正確途徑時，Peng突然說：你看其他人也都這樣跑過去，應該是要這樣跑吧!?看著剛講完後蠢蠢欲動的Peng已經一腳踏了出去，我根本來不及反應，只好一起手刀衝刺過去，整個很驚險，雖然安全的到達了圓環內，但這時有兩位法國警察過來警告我們說，不能這樣過，旁邊有地下道可以通達凱旋門，

艾菲爾鐵塔

凱旋門圓環

害我們被罵，還很怕被開罰單之類的，真是特別的經驗。

接近下午五點多，我們決定走鼎鼎有名的香謝麗舍大道回hostel，沿路順便逛逛那條shopping街上的名牌店，原本打算去LV旗艦店挑個小禮物給姊姊妹妹的，但後來還是被氣勢壓倒，就沒進去了。回到了hostel，把行李帶著，換到下一間hostel（Blue Planet Hostel）後，簡單的買了冷凍Pizza，解決了晚餐後，結束了這一天。◆

國家小知識

Tour Eiffel（艾菲爾鐵塔）：一八八九年居斯塔夫·艾菲爾設計並建於法國巴黎戰神廣場上，高三百米，天線高二十四米，總高三百二十四米，鐵塔共分為三樓，分別離地面五十七點六米、一百一十五點七米和二百七十六點一米處，一二樓設有餐廳，而第三樓則是觀景台，共有一千七百一十一個階梯，七千噸重的鋼鐵、一萬二千個金屬部件以及二百五十萬隻鉚釘，是來巴黎不可省略的景點之一。

Arc de triomphe de l'Étoile（巴黎凱旋門或雄師凱旋門）：當初拿破崙為了紀念一八〇五年打敗俄奧聯軍的勝利，在戴高樂廣場中央修建，但跟著拿破崙被推翻也終止工程，直到一八三六年才又全部完工。巴黎十二條大街都以凱旋門為中心，向四周放射，凱旋門高四十九點五四米，寬四十四點八二米，厚二十二點二一米，中心拱門高三十六點六米，寬十四點六米。

牆面上有四組以戰爭為題材的大型浮雕分別為出征、勝利、和平和抵抗。門內刻有跟隨拿破崙遠征的三百八十六名將軍和九十六場勝戰的名字，門上刻著一九七二至一八一五年間的法國戰事史。

傳說中的LV旗艦店

背包客小撇步

所謂free walking tour，雖然我們已經知道事後要給導遊小費，不過有的時後要注意該城市的景點是否都很分散，這可能意味著另外的交通花費，像今天的巴黎tour，我們就要買地鐵票，有幾站我們都一群人一起坐地鐵，所以不是真正的free。

住宿

Blue Planet Hostel（二人房，每人每晚二十歐，雖然有單獨空間，但卻是目前住到過感覺最不舒服的一間，潮濕、簡陋、服務差）5 Rue Hector Malot, 75012, Paris，個人評價（1～10）：4分，地點還好、裝潢老舊、沒廚房、衛浴簡陋、附早餐但房間潮濕。

提醒及注意事項

待在某城市的時間難免會有跟團和自己的自由時間，最好事先詢問過walking tour會帶到的地方，以免重複到，浪費時間。畢竟一個城市的觀光景點有限，一天下來時間也有限，如果兩天下來卻去了同樣的幾個地方，那真的是會哭笑不得，雖然有導遊講解會比較深入的瞭解，但還是浪費了自己去的那一次啊！

假設真的有想逛或想看的地方或店面，不管三七二十一，進去就是了，以免回家後才在後悔當初，跟我一樣，後悔沒踏進巴黎LV旗艦店看看，呵呵。人在異鄉還是一樣要當個守規矩的人，不然搞不好會收到罰單，或是要吃異國牢飯也不一定（電影看太多），但是守規矩絕對是好事。

去過景點 been there, done that!

Notre Dame de Paris, Eiffel Tower, Latin Quarter, Assemblée Nationale, Champs-Élysées, Place de la Concorde, Arc de Triomphe, The Louvre, Musée d'Orsay.

02/01/09

Au revoir la France

法國掰掰

　今天一大早，我們帶著行李來到了車站，趕著要去買即將出發的車票，買好了去倫敦的客運車票後，剛好趕上正要出發的車，於是我們坐上了客運（Eurolines），開始了長達好幾個小時的昏睡時間，離開了法國。從法國到倫敦，我們選擇了客運，路程是先到法國邊界的港口，客運開上渡輪，乘著渡輪到達英國後，繼續坐同一台客運直達倫敦。

　在渡輪上，差不多快中午時，我們決定在渡輪上換錢順便買午餐（英國不用歐元而用英磅），因為物價太貴，我只買了個兒童套餐（小三明治、蘋果、果汁及兩包餅乾），Peng則是買了薯條與大杯可樂。到達英國後又坐了幾個小時的車，到達倫敦時已經是晚上了，雖然耗了一整天在交通上，但我還是非常的興奮，原因是這是我第一次看到、摸到雪，一路上一直亂叫，亂嗨的我！

　不過，藉著天色越來越黑，我們又有點小迷路找不著我們的hostel時，背著大包小包的我開始沒有那麼

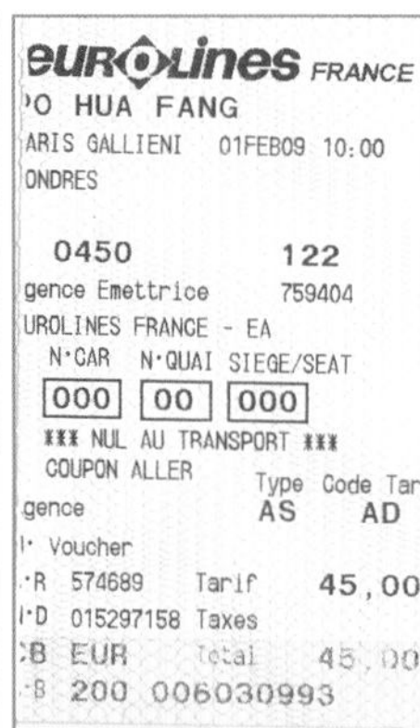
eurolines FRANCE
'O HUA FANG
ARIS GALLIENI 01FEB09 10:00
ONDRES
0450 122
gence Emettrice 759404
UROLINES FRANCE - EA
N·CAR N·QUAI SIEGE/SEAT
000 00 000
*** NUL AU TRANSPORT ***
COUPON ALLER
Type Code Tarif
gence AS AD
I· Voucher
·R 574689 Tarif 45,00
I·D 015297158 Taxes
CB EUR Total 45,00
·B 200 006030993

法國到英國車票

嗨了，因為當天晚上遇到了英國近幾年來最大的暴風雪夜，而我慢慢的從喜悅到厭煩，被雪花打到的眼睛真的很痛耶，一點都不好玩，當晚的大雪還癱瘓了部分的捷運，導致我們必須繞遠路才有辦法到達我們的hostel（Hostel Generator）。

當晚我們只吃了自己帶的泡麵就很滿足了，一方面可以省錢，另一方面天氣冷到很想喝熱湯，一舉兩得。◆

英國捷運車票

國家小知識

法國到英國的過程，邊界出入境的時候會跟機場一樣的嚴格，可能是英國比較強勢的關係，會問很多問題，除了會問打哪裡來以外，帶了多少錢也要管，可能真的是很怕偷渡客吧，我認為是歐盟裡比較高傲的國家之一。英國雖然是歐盟的成員國，但尚未加入歐元區，所以仍然使用英磅，主要由英格蘭銀行發行。

背包客小撇步

假設你有帶泡麵或沖泡類的食物，最好是帶著鋼杯與電湯匙，因為並不是每一間hostel都有二十四小時供應熱水的熱水機，必要時、夜晚想要宵夜時，也可以很方便的煮水。

住宿

Hostel Generator（四人房每人每晚十八點九三歐）Compton Place,

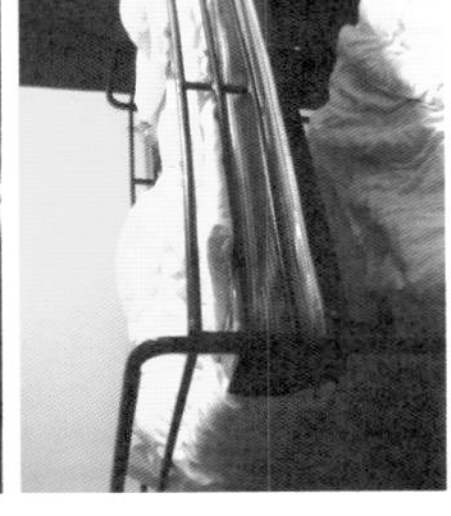

Off 37 Tavistock Place, WC1, WC1H 9SE, London，個人評價（1～10）：7.5分，地點佳、裝潢中等、雖沒廚房但衛浴舒適、早餐算豪華且有時尚感的一間hostel。

提醒及注意事項

歐洲每個國家的自來水，有的可以直接喝有的不行，一定要事先問過當地人，確認過後才安全。不能直接喝的自來水國家，建議去超商買最大罐的礦泉水，划算又安全。

去過景點　been there, done that!

London（倫敦）。

02/02/09

¿The fake London Bridge?

倫敦大橋是假的？

按照慣例，歐洲的早餐大都是烤土司、烤麵包、果醬、巧克力醬、牛油、咖啡、果汁、麥片與牛奶。在吃完那豐富的早餐後，我們趕到了tour集合地點。今天的導遊是一位漂亮的美女，雖然外頭依然下著雪，但是tour依舊照樣進行著。

我們先買了張一日票，在此tour裡，我們一路上看了Big Ben（大笨鐘）、Buckingham Palace（白金漢宮）、一些其他歷史建築、以及那有名的Changing of the Guard（警衛交接禮）。雖然我們運氣很好的剛好在每月的第二天到達倫敦（八月到四月的警衛交接禮固定在每月的第二天進行），但偏偏遇到前一天暴風雪，因此延後一天，所以我們只有看到警衛呆板一動也不動的守在那裡。

今天的行程還算順利，早早的就結束了tour回到hostel，回家路上我們經過附近的超商買了晚餐，因為這間hostel沒有廚房，但有自己的餐廳跟酒吧，我們發現了超商的微波食品還蠻便宜，而且蠻好吃的，所以這兩天的伙食就決定以超商為主。

我們邊吃晚餐邊討論明天的行程，要去看警衛交接以及倫敦眼，所以晚上決定去看倫敦大橋，我們詢問了如何去倫敦大橋的路後，發現了一件事情。原來大部分的人都會把倫敦景點的倫敦大橋搞混，如果照著地圖上去走的話，你會看到的將會是一座真的叫做「倫敦大橋」的橋，但這並不是那有名的倫敦大橋，真正的景點是位於同一條河上，往東邊的下一座橋，它真正的名字為Tower Bridge「倫敦塔橋」或「雙塔橋」。夜晚的倫敦大橋其實也別有一番風味，燈光與倒影的對比，整個很有feel，我們照了幾張相，堆了一個雪人後，就回家休息了。◆

白金漢宮的衛兵

可用一整天的日票

倫敦大橋與倫敦塔橋常被搞混，其實倫敦塔橋才是對の名字！
People use to confuse London Bridge with Tower Bridge, while Tower Bridge is the correct one!

倫敦塔橋

國家小知識

Big Ben（大笨鐘）：於一八五八年四月十日建成，是英國最大的鐘，它是威斯敏斯特宮的鐘塔，英國國會會議廳鐘樓。英國人在此慶祝新年的到來，跨年倒數後的鐘聲迎接新的一年的開始，同樣的，在此也舉行陣亡將士紀念日，大笨鐘的鐘聲在第十一個月的第十一天的第十一個小時響起代表著二分鐘的默哀開始。

Buckingham Palace（白金漢宮）：一八五〇年完工後一九一三年由Aston Webb爵士重新設計。一八三七年維多利亞女王登基後成為英國第一位入住白金漢宮的英王，今日，白金漢宮除了是開放參觀的博物館外，它也是運作中的君主制的中心，女王平常會在白金漢宮工作，週末回到溫莎城堡，人們可看白金漢宮中央的旗桿來得知女王是否在宮內，如女王在，旗桿上飄揚的會是君主旗，相反的，平常則是英國國旗。

Tower Bridge（倫敦塔橋）：一八八六年開建，一八九四年通車，此橋的目的及特別設計是為了後十九世紀時，倫敦經濟發展快速起飛，城市東部需要一座橫跨泰晤士河的橋，但普通的橋又會阻擋到開往碼頭的船隻，因此在一八八四年採用了霍拉斯・瓊斯的設計，也就是二百四十四米長的開啟橋，橋有兩個橋塔，每塔高六十五米，橋的中部分為兩扇共長六十一米，每扇可豎立起到八十三度來解決船隻交通問題。

背包客小撇步

住在hostel裡最大的福利就是那附贈的早餐，而早餐裡常會有小盒裝的巧克力醬、果醬或牛油，有時候還會有水果，而這些東西都是可以多拿一些（以不浪費為原則），這樣一來，如果是到很貴的國家，或是餐廳都很貴的地方，即可去超商買土司或麵包，這樣一來就便宜簡單的解決了一餐啦。

提醒及注意事項

大部分國家的free walking tour都是採自由參加制的，所以不需要事先報名，tour過程中也可以中途自行離開隊伍，不過相對的，這就代表著公司可能會依照實際到集合地點的人數來決定開不開團，當然決定權大多在導遊本身，畢竟是賺小費，不是公司薪水，所以出門前也要先想好B計畫，以免到時候沒開團，又不知道要去哪。

另外也很重要的是，集合地點與時間，請在前一天先詢問櫃臺到達集合地點所需時間及方法，不然，無須報名的團，集合時間到了就離開了，白跑一趟真的會很嘔！

住宿

Hostel Generator（四人房每人每晚十八點九三歐）Compton Place, Off 37 Tavistock Place, WC1, WC1H 9SE, London。

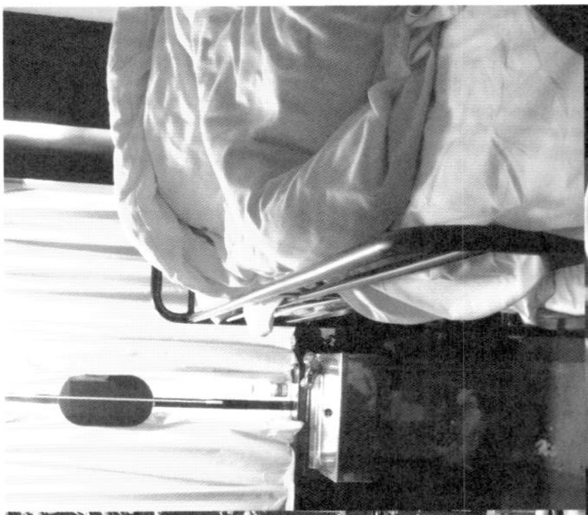

去過景點 been there, done that!

Big Ben（大笨鐘）、Buckingham Palace（白金漢宮）、Hyde Park Corner, Leicester Square, St. James'Park.

02／03／09

I love Chinese Buffet 我愛中國菜自助餐

今天最大的使命就是要去看白金漢宮前的衛兵交接儀式，原本應該是昨天去看的，但是因為天氣不佳，所以往後挪了一天。只是我們趕到白金漢宮時，發現依然只有普通簡單的交接而已，並沒有看到傳說中那長達一個多小時的華麗儀式。

失望之餘，趁著人群慢慢離去時，我們決定要在白金漢宮前的小花圃裡那厚達三十公分的積雪中做snow angel，不過沒有很成功就是了。之後我們前往附近的London Eye（倫敦眼），半路上又再次的經過了大笨鐘，發現沒下雪的大笨鐘看起來還比較好看，所以又多照了幾張。

到達倫敦眼，排了那長長的隊伍，買好了票後就上去感受傳說中的倫敦眼，整體上並沒有什麼特別的，就是一個很大的摩天輪，但是這是旅客必做之一的事情，過程中，我們一直照相跟照上下包廂裡的人，大家都很熱情的揮手，可能真的還蠻普通的吧。

下來後，我們剛好感覺肚子餓了，又由於我們已經好幾天都只吃麵類的，所以還蠻懷念米食的，剛好看到一間主打中國菜Buffet的餐廳，算一算，以我們的食量而言，要吃回本絕對是沒有問題的，所以我們就大吃特吃了一頓，好好的享受了這份美食

大笨鐘

倫敦眼的票

後，回到hostel休息，晚上我們跑去了hostel自己開的酒吧，喝了幾瓶啤酒後就回房休息，畢竟我們這樣每天早起晚睡，又天天走那麼多路，真的還蠻累人的。◆

國家小知識

來到英國，有幾樣東西是非看不可的，這些都是富有濃厚英國經典特徵的東西，英國紅色雙層巴士、紅色古典電話亭（超人換裝的地方），還有那黑頭五人對坐的計程車。在英國除了消費比其他歐洲國家貴了一些以外，其餘的感受都大同小異。

超人咧？

英國紅色雙層巴士

背包客小撇步

經過了幾天下來的奔波，一雙舒適的鞋子真的非常重要，雖然出門在外還是會想要帥帥美美的出現在相片裡，但是如果要遊玩一個月，或更長的時間，那絕對是會給腳踝帶來負擔的，尤其是背包客的原則就是靠著一張嘴，一雙腿探險那陌生的城市，建議女生不要穿高跟鞋，可以帶著，要去夜店時再穿上即可。

住宿

Hostel Generator（四人房每人每晚十八點九三歐）Compton Place, Off 37 Tavistock Place, WC1, WC1H 9SE, London。

提醒及注意事項

旅遊前，記得提前調查一下當季當地的氣候，所需要的衣物都要帶齊，才不會因為受不了氣溫而被迫購買新的衣物，除非你一開始就打算出國再一站一站的添加新的戰利品，不然，當個背包客，先見之明的準備功夫是不能少的。

夜晚離開hostel外出自行逛街時，可先跟hostel櫃臺報備，確認今晚要去的地方，是否有要回來，這樣一來，雖然你身上沒有可以聯絡的手機號碼，但假設真的遇到災難，救援一方也可很快的縮小尋找範圍（不怕一萬，只怕萬一）。

去過景點 been there, done that!

Buckingham Palace（白金漢宮）、London Eye（倫敦眼）。

白金漢宮

倫敦眼

02/04/09

Rood lijndistrict van Amsterdam
阿姆斯特丹的紅燈區

一大早吃完早餐，我們背著我們的行李，在這間hostel留影後，前往倫敦機場，離開了英國。這是這次旅程中第二次搭飛機，因為車程的時間實在是太長，而機票（Easy Jet）價錢又還在接受範圍之內，不過意料之外的是，我發現歐洲內的國際線便宜機票的小航空公司都很容易取消班機或誤點。

續上次被取消而搭下一班班機的經驗後，這次竟然遇到US Airways航空的飛機在跑道上漏了不明的液體，所以在確定是什麼液體、危機處理好以前，其他的航空班機只好排隊在其他可用的跑道，而小公司當然就被排在很後面啦，整個誤點了五個小時左右，害我們整個很晚才到達阿姆斯特丹，時間足足讓我們坐客運到達了，真是浪費時間啊！

抵達阿姆斯特丹後要先坐火車到中央車站，一走出車站，手上拿著地圖，走進車站前的一條大街上，奇怪的是，一路上怎麼那麼多的情趣用品店啊？雖然來阿姆斯特丹本來就知道有紅燈區這有名的景點，不過這可是車站前耶！

走著走著，我們找到了訂好的hostel（St. Christopher's Hostel The Winston），到樓下有無線網路的地方打理好接下來的行程，各買了一杯生啤酒後，跟酒保打聽了一下為何這附近那麼腥色的感覺，才發現，原來我們住的地方就是那有名的紅燈區，而位於hostel後方的那一條開始就有Closet了，實在是太驚訝了，就離中央車站一條街而已，想像中還以為應該會在比較隱密的地方勒，結果整個大辣辣的就在主要車站旁。

大概詢問好地形後，我們就自己跑出去走一走，逛一逛，看一看，兩個興奮的大男生到處看著養眼的

畫面，走著走著，我們還迷了路。因為阿姆斯特丹是由許多河流形成的城市，所以直向橫向的有許多的橋，一不小心就會失去方向，最後我們還是問路人車站怎麼走，先走回車站後才找到回家的路。這一晚，我們兩個都抱著開心的心情入睡，應該跟睡前看到開心的畫面有關吧！◆

國家小知識

阿姆斯特丹是荷蘭的首都以及最大的城市，十三世紀時的漁村人們曾在附近的阿姆斯特爾河（Amstel）建築水壩，而Amstelredam就是阿姆斯特爾水壩的意思，同時也是此城市的名字由來，十七世紀時，阿姆斯特丹成為了荷蘭黃金時代時的一個世界級重要港口，主要是金融與鑽石的中心。該城市景點有運河網、荷蘭國家博物館、梵谷博物館、安妮之家、紅燈區以及大麻咖啡館。

背包客小撇步

大家在出遊之前，一定都會搜尋一下去了該城市後必去之地，不過在眾多有名的景點裡頭，你真正

STD ANYTIME DAY S ONE NIL SGL
From LONDON ST PANCRS 04-FBY-09 £8.90M
To GATWICK AIRPORT
SINGLE

easyJet
Passenger FANG/PO HUA
From London Gatwick
To Amsterdam
Flight EZY8875 Date 04FEB Seq No. 37
Boarding Group B

Geldig op/van 04.02.09 Geldig tot en met Afgiftedatum 04.02.09 Klasse 2
Enkele reis
SCHIPHOL
AMSTERDAM C.
Via
Afgiftepunt 881.21.2018 Reductie Nummer 419587 Prijs EUR 4,40
Bijz.
Incl. EUR 0,50 transactiekosten. FO 170701

↓荷蘭機場到阿姆斯特丹的票

有興趣的又有哪些呢？所以聰明的過濾一下景點是能讓你省時又省錢的撇步。

住宿

St. Christopher's Hostel The Winston（八人房，每人每晚十六點九歐）Warmoesstraat 129, 1012 JA, Amsterdam，個人評價（1～10）：8.5分，地點優、裝潢中等、沒廚房、衛浴舒適、布置溫馨附超好早餐。

提醒及注意事項

人在異鄉，出入酒色場所時要注意身上的錢財，出門可以盡興的玩，但也要保護好自己，如果要落單單獨外出，切記一定要讓旅伴知道你去哪，就算有豔遇也要小心處理，以免惹上不該惹的禍，成了旅客冤大頭。

去過景點 been there, done that!

Amsterdam's Red light district（紅燈區）、Coffee shop（大麻咖啡館）。

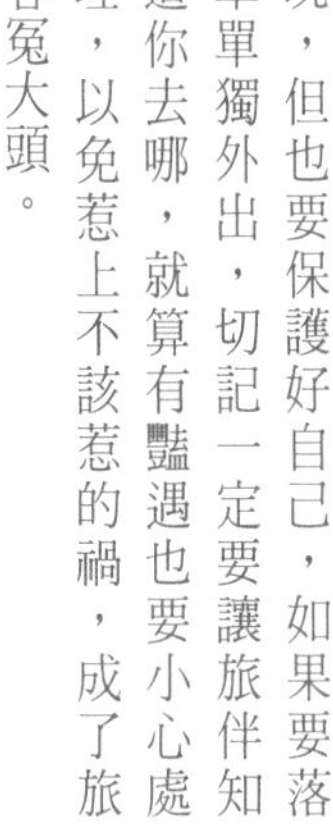

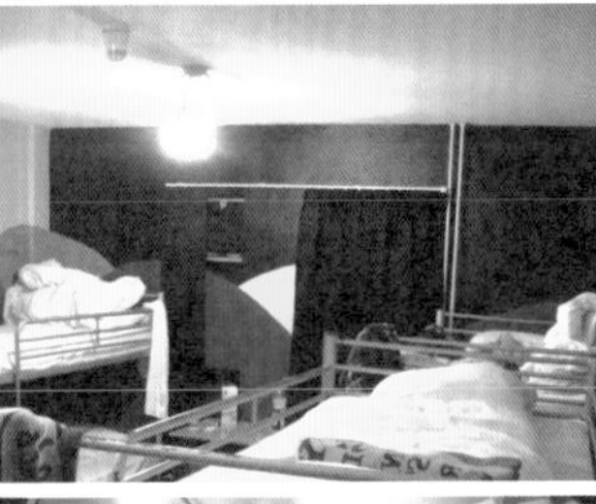

02／05／09

真是個罪惡城市

Een welke zondestad

這家hostel附的早餐大概是目前最好吃的一間了，雖然內容都大同小異，差別在於量與質，最主要是還提供了新鮮水果，對於省錢一族的背包客來講，能吃到免費又新鮮的水果是非常之高興的事情。由於我們有點睡過頭，所以吃完早餐後，第一批的walking tour已經出發了，我們弄一弄後，趕去了第二批出發的tour……雖然外頭下著雨，不過tour依然進行著。

由於阿姆斯特丹沒有什麼有名的建築，中間我們倒是聽到了許多有關於荷蘭的一些有趣的事的由來，像是法律規定不能賣大麻，但在咖啡店裡賣就可以，或是荷蘭人對性的開放，我們可以在紅燈區的巷子看到一個牌子，牌子中不是畫未滿十八不能進入，畫的是請爸爸牽好小孩進入，並不可拍照，實在是很有趣。

其實在阿姆斯特丹有著最叫人感興趣的有三種東西，啤酒、性以及大麻，這也是為何我叫這城市為罪惡城市。結束了tour以後，大約下午，我們找到了原本就在我們收尋到的景點之一的sex museum性博物館，買了票後，我們就進去參觀參觀。裡頭琳瑯滿目的一堆有關於性的照片，各式各樣的姿勢照、模型、情趣用品、道具……等等。

性博物館

美乃滋薯條？讚！

薯條
Fries

從最早量產的自慰棒到第一本黑白色情書刊應有盡有。看完後，我們跑去吃荷蘭有名的薯條，其實這薯條本身沒有什麼太特別的地方，比較特別的是當地人習慣加入大量美乃滋，而這美乃滋又有加入某種香料調味過，整個讓薯條另有風味，還蠻好吃的！由於阿姆斯特丹重要景點不多，因此在這裡待的兩三天裡，我們打算慢慢的感受當地氣氛，順道當作中途休息站，不用每天一直走來走去的。

到晚上，晚餐在麥當勞簡單解決後，我們回到hostel開了個小組會議，決定了今晚要各分兩路，分工合作，要把這罪惡城市的三罪都嘗試過，首先一起喝了幾杯啤酒後，因為Peng有女友的關係，他選擇了嘗試大麻，而我當然就去window shopping啦！晚點回到hostel會合時，由於Peng在hostel跟人聊天認識到了老闆，而我們被邀請一起去老闆朋友的club玩，當晚，Peng還被老闆掏腰包請了等級不錯的大麻，我們在歡樂聲中結束了這一晚。◆

國家小知識

Red light district（紅燈區）：主要為Walletjes或Rosse Buurt，是個合法賣淫的指定區域，也是阿姆斯特丹最大、最著名的紅燈區，道路與小巷內數百座小的單間公寓，由女性性工作者租賃，大大的落地玻璃窗打著紅燈，她們會在窗後擺姿勢或等待客人上門，有興趣的人則靠近以詢問價碼，價錢因人而異，價錢談妥了就OK了，客人進入後，便落地窗則拉起窗簾。紅燈區是二十四小時都有的營業的，並不是只有夜深後才開始。

Coffee shop（大麻咖啡館）：據說在荷蘭其實有法令說不能在街上販賣大麻，但私人吸取是可以的，變相後的合法化就變成了那打著咖啡廳招牌但裡頭都是合法吸大麻的店。在荷蘭除了有正統大麻外，還可找到一些有趣的產品，像是大麻brownnie、磨菇蛋糕之類的，如要嘗試，請三思而後行，自行負責後果，但還是少碰為妙。

Sex museum（性博物館）：位於Damrak街附近，Venus Temple維納斯神殿為最古老的且現仍營業中的性博物館，開張於一九八五年至今。

背包客小撇步

之前提到過的出外靠朋友，多跟旅客聊天交朋友，有時候會有意外的收穫，這次我們就認識到了hostel的老闆，並被一起邀請去他朋友的店玩，因為hostel本身開的酒吧有時間限制，所以兩點就必須結束營業，其他正統夜店才能開到天亮。

住宿

St. Christopher's Hostel The Winston（八人房，每人每晚十六點九歐）Warmoesstraat 129, 1012 JA, Amsterdam。

提醒及注意事項

凡事別陷的太深，嘗試過就好，你懂我在說什麼！

去過景點 been there, done that!

Sex museum（性博物館）、Coffee shop（大麻咖啡館）、Red light district（紅燈區）。

02／06／09

¡Zonder een fiets, don't zegt u in Amsterdam is geweest!

沒騎過腳踏車，別說你來過阿姆斯特丹！

一大早，Peng整個呈現廢人狀態，就連他喝掛宿醉都沒那麼慘，起因大概是頭一次吸用大麻，而且還是高等級的大麻，所以整個後力超強，我們在離開這hostel前，讓Peng稍微休息了一下，等他稍微恢復後才check out。

有人說：來到荷蘭就一定要租台腳踏車來騎一騎，不然別說你來過荷蘭。我們今天沒有特別排行程，背著背包換到另一間hostel（Hotel Y Boulevard）後，就跑去租了兩台腳踏車來感受一下當地人的文化。我們的目的除了想感受一下異國交通，順便還可以代步，因為之前每個國家都在走啊走的，這下真的感到輕鬆許多。

由於價錢不同，所能租的車種也不同，我們租了屬於比較便宜的腳煞腳踏車，出好車子，檢查好所有配備後，循著地圖前往離市中心比較遠的梵谷博物館。雖然頭兩天在西班牙參觀博物館的經驗實在是讓我們怕怕的，而且心知肚明我們都不是藝術咖，但梵谷還是聽過的，好歹也能認得出幾幅名作低！反正歐洲嘛，不就是一堆博物館、美術館及教堂的集合地，所以就這樣的，我們在梵谷博物館裡頭耗掉了不少時間。

回家路上，我們經過了一個冰刀場，旁邊還有個很大的阿姆斯特丹字標，當然我們就在那裡留了幾

Mac也有出Bike？

梵谷博物館外牆

張相啦。剩下的時間，本來考慮要去Anne Frank House博物館的，但是後來想說太遠了，又要付門票，所以最後打退堂鼓，反而是去了超市買了些熟食，解決了晚餐，而晚上的行程則跟昨天一樣，喝酒聊天到深夜，那些酒是昨天住同一間hostel的室友離開前送我們的，有我最喜歡的Beileys跟Peng最喜歡的啤酒。◆

國家小知識

荷蘭的市區裡，馬路上大多數的汽車都是外地來的居多，主要交通其實是以腳踏車為主，因此，到處可看到腳踏車道。在阿姆斯特丹，道路優先的順序分別為捷運、腳踏車、汽車、最後才是行人。

Van Gogh Museum（梵谷博物館）：成立於一九七三年，主要收藏了荷蘭畫家梵谷及同時代者的作品，也是世界上藏有最多梵谷作品的一個博物館。梵谷於一八九〇年與世長辭，他的弟弟，西奧，是巴黎的藝術經紀商，收藏了梵谷二百幅畫和五百幅素描，另外還有哥哥寫給西奧的八百五十多封信，這些再加上其他友人以及當代畫家精選作品，成了該美術館的收藏特色。門票十二點五歐。

住宿

Hotel Y Boulevard（八人房，每人每晚十九歐）Prins Hendrikkade 144-145, 1011 AT, Amsterdam，個人評價（1～10）：6.5分，地點佳、沒什麼裝潢、沒廚房、衛浴普普、附早餐。

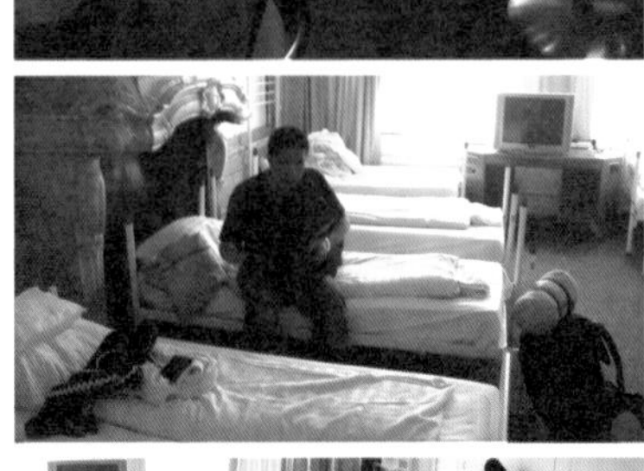

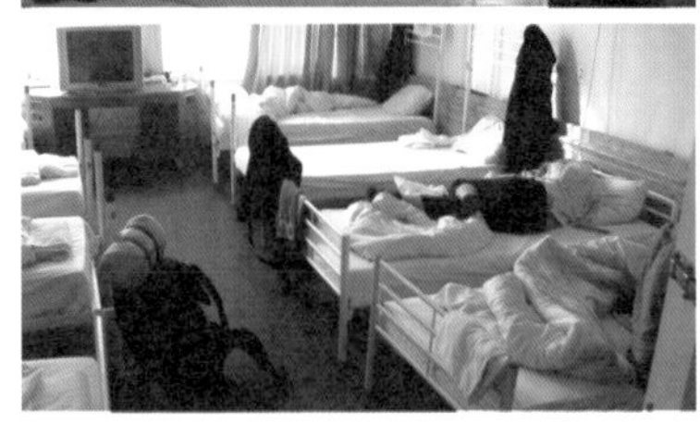

份不同的地圖，原因是旅遊地圖常常會因為贊助廠商不同，所畫的細緻度也不同，找不到路時，看另一份地圖也許就能找出回家的路。

去過景點 been there, done that!

Van Gogh Museum（梵谷博物館）。

背包客小撇步

每天出門前，先過濾只帶需要的東西出門，其餘的東西都放在住宿地點就好。這需要在前一天討論好明天一整天的行程，一出門就把所有該帶的帶好，才不用中途回來拿個東西再出門，白白浪費了寶貴的時間。

提醒及注意事項

在沒有人帶領的情況下，如要做任何的探險，切記一定要帶著兩

02/07/09

休息一下 Neem een onderbreking

由於比利時與荷蘭是相連的國家，阿姆斯特丹離我們要去的布魯日又不算太遠，所以才半天不到的火車車程，我們就來到了比利時的布魯日。我們會選擇去布魯日而不去首都布魯塞爾的原因是，之前我們在西班牙時遇到了來自比利時的旅客，一群很愛喝酒的豪爽男生。但在稍微打成一片以後，詢問了一下他們覺得自己的國家哪裡好玩。

根據本地人自身的說法是，雖然布魯塞爾是首都，但是因為都市感太重，沒什麼觀光點，反倒是布魯日比較有景點可以看。不過到達布魯日後，發現真的還蠻鄉村的，而且因為城市小，沒有那所謂的free walking tour，到了hostel（Charlie Rocket）後當天我們到處走走逛逛，買了麵包、冷凍披薩，飲料來解決這幾天的伙食，今天唯一的戰利品只有晚上無聊出去走走時，吃了一支當地路邊攤的小吃，類似火雞肉串的東西吧。◆

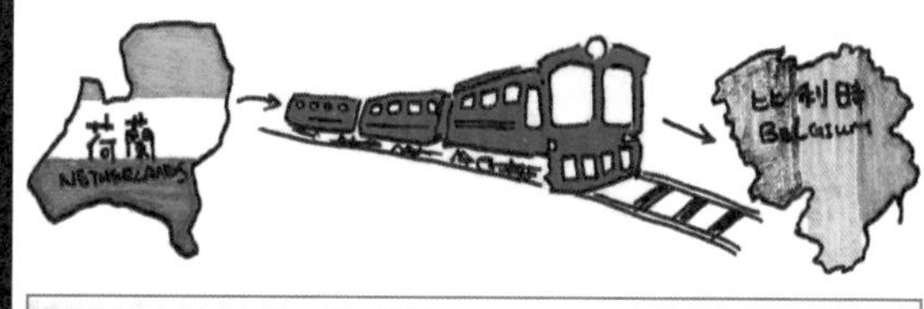

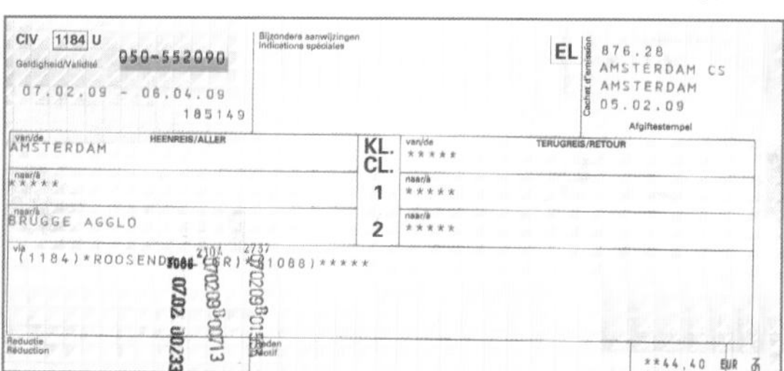

CIV 1184 U
Geldigheid/Validité 050-552090
07.02.09 - 06.04.09
185149
Bijzondere aanwijzingen / Indications spéciales
EL 876.28
AMSTERDAM CS
AMSTERDAM
05.02.09
Afgiftestempel

van/de HEENREIS/ALLER	KL. CL.	van/de TERUGREIS/RETOUR
AMSTERDAM		*****
naar/à *****	1	naar/à *****
naar/à BRUGGE AGGLO	2	naar/à *****

via (1184)*ROOSENDAAL(GR)*(1088)*****
Reductie / Réduction
**44,40 EUR

阿姆斯特丹到布魯日

國家小知識

比利時是歐洲聯盟的創始會員國之一，首都為布魯塞爾，比利時自北起順時針分別與荷蘭、德國、盧森堡和法國接壤，西邊則是北海。官方語言有荷蘭語、法語及德語。比利時有名的除了藝術、建築以外，還有啤酒、食物以及巧克力也聞名天下。比利時人酷愛薯條，是在任何小店都能看得到的食物。

背包客小撇步

由於這間hostel沒有廚房，而我們去歐洲時的天氣又是冬天，窗戶外就形成了一個天然的大冰箱，食物放在外頭兩天都不會壞，實在是很方便，就算沒有廚房可以料理，麵包、火腿、乳酪、蕃茄醬加上美乃滋，這樣就是個美味的三明治啦，興致來了還可以自己做野餐便當呢。

住宿

Charlie Rocket（五人房，每人每晚十六點五歐）Hoogstraat 19, B-8000, Bruges，個人評價（1～10）：7.2分，地點OK、裝潢蠻有特色的、沒廚房、衛浴普普、沒附早餐但房間還算乾淨。

提醒及注意事項

當個背包客最大的樂趣與自由就是想待就待，想走就走，不怕被團限制住，當然，想要的話，可以把這裡當作休息的國家，畢竟沒有太多令人吸引的景點，那就好好休息吧，接下來要走的路還多的呢！

去過景點 been there, done that!

Brugge（布魯日）。

其實比利時跟荷蘭的文化與建築風格蠻接近的，所以我們在詢問之後，同樣去租了台腳踏車到處亂逛。而沒有導遊介紹景點的我們唯一能做到的，也是我們今天的目標，那就是把地圖上所有有標出來的建築一一找出來，並且拍照留念，整個有點像是尋寶遊戲，反正地圖有標示出來，它一定是有某種程度的意義與重要性。

第一站，是那一定要去看一下的風車（荷蘭風車也很有名，但太遠沒去看，且剛好又不是鬱金香的季節），沿著河流一直騎一直騎，慢慢的，小小的風車越變越大，越變越大，直到那巨大的風車出現在我們面前，雖然不是個特色風車，但是配合旁邊的小山丘與河流，整個風景很美。

在看遍了幾乎所有地圖上有標出的建築物後，我們回到了市區，忽然想到了來比利時一定要吃的東西，是的，那就是濃情巧克力啦！看準了一家頗有質感的店家後，一踏進門，彷佛到了另一個世界一樣，我跟Peng兩個一直狂叫，實在是太壯觀了，整家店飄著超香濃的巧克力香，大概有幾百種不同的巧克力在我們眼前，實在是太震撼了。

我們各買了「一些些」來試吃，結果那大食量的Peng一口氣吃了有十六顆混合口味的巧克力盒，而我則是很省的從眾多口味中挑了

五顆我最喜歡的口味來試吃，真的超級好吃的！當然，我們就買了要帶回國當禮物的份，我買了一盒中盒的送給爸媽吃。◆

國家小知識

布魯日歷史中心是典型的中世紀古城，保存著大量數世紀前的建築，早期Gothic（哥德式建築）已經成為城市特色之一，於二〇〇〇年被列入世界文化遺產。

背包客小撇步

之前提到過的，背包不要帶剛好大小的袋子，要預留空間來放紀念品或是禮物。像Peng知道家人都愛吃巧克力，光是在這裡就買進了快兩公斤的巧克力，實在是很驚人。有些東西可以把包裝與內裝分開來裝，回國後再拼裝起來，可以省下更多的空間，但這需要經驗與熟練的技巧，多做幾次就會抓到要點的！

住宿

Charlie Rocket（五人房，每人每晚十六點五歐）Hoogstraat 19, B-8000, Bruges。

提醒及注意事項

不是所有的hostel都會二十四小時有人在櫃臺守候著，有的hostel是有門禁的，會規定幾點前要回來，不然會被鎖在門外，所以要注意所選的hostel，如果你也是夜貓子的話，就算再舒適的hostel，也無法玩得盡興了。

去過景點 been there, done that!

Brugge（布魯日）。

02/09/09

尿尿小童也太小了吧！

Manneken pis is werkelijk uiterst klein

真的很小的尿尿小童

經過討論後，發現如果我們明天就坐車離開比利時去德國，將耗上我們將近一整天的時間，而坐飛機又太貴，但是若我們坐兩天後的飛機，價格整整是之前的一半而已（歐洲機票價差很大）。所以我們放棄了原先想提早離開比利時的想法，而先去布魯塞爾玩一天後再坐飛機去德國，如此一來既能坐到便宜的飛機，又可多逛個城市，真是一舉兩得啊。

先買了張火車票，坐上了火車，轉了幾次車後，我們到了布魯塞爾。先找到了我們住宿的hostel（2GO4 Quality Hostel），行李放了後，去了趟超市，買了這幾天下廚的食材，但因為當天我們都懶得煮，所以還買了一隻烤雞及冷凍披薩。

簡單的解決了午餐後，我們出門去找那傳說中的Manneken Pis（尿尿小童）。最後在一個轉腳處找到了它，話說雖然本來就沒期待它會有多大，但是它也真的給他有點太小了一點了吧!?Peng跟我整個一直在那裡笑它沒看頭，還說這景點跟法國的蒙娜麗莎的微笑有異曲同工之妙。回家後，我們再次下廚，煮出了豪華自創紅醬義大利麵。◆

國家小知識

布魯塞爾是比利時的首都，同時使用法語和荷蘭語。歐洲聯盟的主要行政機構所在地，有歐洲首都之美譽。布魯塞爾名稱來自於古代荷蘭語的Bruocsella一詞，意為沼澤之鄉或沼澤地中的家園。

Manneken Pis（尿尿小童）：這是布魯塞爾的市標，雖然他只有大約五十三公分大，確有將近似百年的歷史。尿尿小童的起源有許多說法，其中比較可信的說法，是述說有個小孩半夜起來尿尿，看到鄰居的門縫下竟有一條燃燒中的引信（有一說是法軍正要以火藥炸城），小孩一時找不到水源撲滅，靈機一動用灑尿將之熄滅，解救了人們，為了感謝紀念這個小童而在原地做了個石雕像。

背包客小撇步

其實在沒有太多景點的地方觀光有另外一種好處，可以融入當地人的生活，去體驗一下當地人的步調。喝個咖啡、看看人群、逛逛超商、看人們買的東西有什麼不一樣、看超市裡的東西有哪些不一樣的？這些都是出國旅遊可以觀察到的細節，也算是從另一個角度來瞭解不同國家文化的方法之一，慵懶之中，讓你的旅途有了更深層的意義。

住宿

2GO4 Quality Hostel（四人房，每人每晚二十歐）Emile Jacqmainlaan 99, 1000, Brussels，個人評價（1～10）：8分，地點佳、裝潢有現代感、有廚房、衛浴普普、雖沒附早餐但整棟大樓有飯店的質感。

提醒及注意事項

在歐洲的交通，不外乎就是飛機、客運或火車。後兩者兩還好，沒有太多的行李限制問題。但如果是坐飛機，就要考量到登機行李限制，其中包括了食物、飲料、各種液體之類的。所以如果接下來的行程是搭乘飛機的話，切記一定要控制好買來的食材，才不會浪費掉。

去過景點 been there, done that!

Manneken Pis（尿尿小童）。

010112983863 09/02/2009 08:27
BRUGGE 000

Geldig voor een reis ENKEL

Van : ZONE BRUGGE
Naar: ZONE BRUSSEL

op : 09/02/2009

Schenk hem/haar
een Valentijn
Duo biljet

14 EUR voor twee
personen H/T

Meer info: www.nmbs.be

Onze Algemene Vervoersvoorwaarden zijn van toepassing. Info in onze stations.

2e KLAS Red. 00% **12.90EUR

布魯日到布魯塞爾的車票

02/10/09

Bizar weer op Brussel

布魯塞爾的怪天氣

因為今天的班機在下午，我們早上沒打算出門，早上自然就睡的比較晚。起床後，整理好東西後就先check out了，把行李先寄放在行李間，我們就這樣在那裡用用電腦，看看電視，聊聊天，討論一下旅遊的事情後，時間差不多快中午時，我們開始弄Brunch（早午餐），由於今天是要坐飛機，所以必須把不能帶上飛機的食物全部解決掉，一人一大盤的義大利麵吃完後，離開了hostel。

我們先買了一張前往機場的火車票，但這張火車票得來不易啊！為了要走到車站，我們必須帶著大包小包的走將近一公里的路程，下著不算大的雨的布魯塞爾，風卻是從四面八方吹來，走過一條街，卻又風平浪靜出著大太陽，再過一條街又有怪風跟怪雨，搞的撐著傘的我們整個像是在演默劇的小丑一樣，東倒西歪的，半路上也看到一堆人的傘被吹的反過來，路程艱難又有趣。到達機場後，難得班機沒有取消也沒誤點，坐上飛機，不一會兒的功夫，我們到達了目的地，德國。

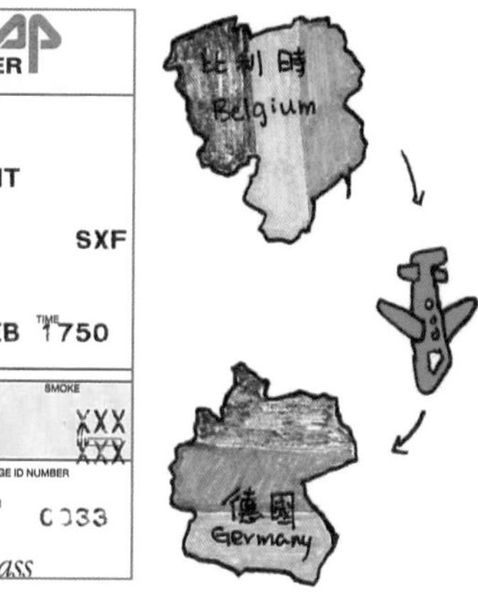

比利時飛德國的機票

離開機場，一路上雖然有點小迷路，找不到我們的hostel，而路人都不會講英文，正當我們開始煩惱的時候，有一對很可愛的老夫妻，看到我們停在路燈旁看地圖，便跑過來問我們需不需要幫忙，而且聽的出來老先生英文還算不錯，感謝他們的幫忙，順利的找到了住宿。

聽老先生說，他以前也常到處旅行，所以英文還算通，不然德國人會英文的比例很低。我只能說，果然一日背包客，終日背包客啊，真是太溫馨了。到達我們的hostel（MEININGER Berlin Hallesches）後，上網打理接下來的行程並跟家人聯繫報平安，我們詢問了櫃臺有關柏林的tour大概走向，發現我們明天要參加的walking tour會去看的柏林圍牆，是位於市區裡的紀念性小塊圍牆，而最大一片的圍牆是位於比較遠的地

柏林圍牆遺跡

方。因此我們決定今晚先自己跑去看那最大片的柏林圍牆，就這樣，我們兩人跑去找圍牆，也順利的找到了，完成了來到柏林的第一個任務。◆

國家小知識

德國是個由十六個聯邦州組成的國家，其首都為柏林。德國周圍被九個國家包圍接壤著，是歐洲鄰國最多的國家。一八七一年普法戰爭，德國第一次統一成國家，同時也是第一、第二次世界大戰的策動國和戰敗國。一九四九年被美蘇英法四強分割為東德和西德，直到一九八九年十一月九日柏林圍牆倒塌才重歸統一。

柏林圍牆：原約一百五十五公里長，三至四公尺高，一九六一年開始建造，最先為鋼絲網為材料，後來才被換成更堅固耐久的水泥牆，中間還經歷過了兩三次的翻修，加入了鋼條堅固構造。一九八九年底，東德政府計畫放鬆東德人民的旅遊限制，但由於東德中央政治局委員Günter Schabowski誤解命令，錯誤宣布柏林圍牆即刻開放，導致數以萬計的市民走上街頭，拆毀圍牆，形成了柏林圍牆倒塌事件，十一個月後，兩德統一，圍牆成為了歷史性的遺跡。

背包客小撇步

其實在歐洲會遇到不會英文的人機會不多，但是有少許歐洲國家人民的英文程度還是偏低，當世界語言不通時，就要善用肢體語言，就算是比手劃腳的，也是能夠溝通的，最重要的是態度，誠懇及謙虛的態度才能讓語言不通的陌生人對你伸出援手。

住宿

hostel MEININGER Berlin Hallesches（十二人房，每人每晚十三歐）Hallesche Ufer 30, 10963, Berlin，個人評價（1～10）：7.8分，地點OK、裝潢還可以、廚房設備很俱全、衛浴及格、沒附早餐。

提醒及注意事項

出門在外，不定時的要跟家裡的人報平安，就算不能視訊報平安，至少可以寫個email，告知你現在人到哪了，是否有受傷，就算真的很難遇到，可以利用MSN的暱稱標題，打上你現在的位置和狀態，這樣一來，就算你沒上線，家人看到離線狀態一樣可以知道你的近況，好讓家人放心。

去過景點 been there, done that!

Berliner Mauer（柏林圍牆）。

分別是東德西德，我跨越了他們

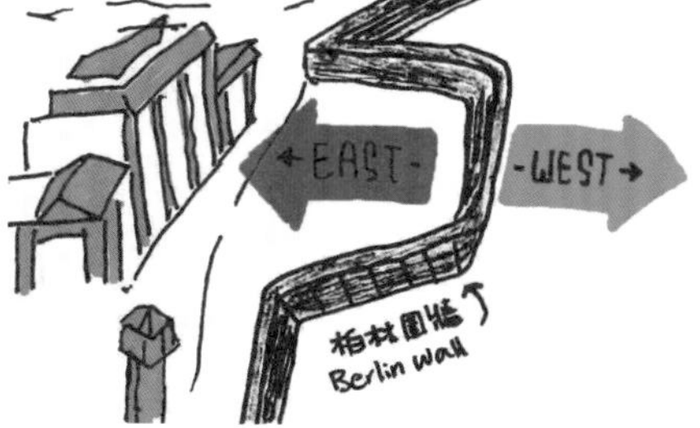

02/11/09

方向感真的很重要！

¡Richtung der Richtung ist so wichtig!

昨晚發現接下來的火車無法線上訂票，決定了今天早上先去火車站買票，詢問好了公車路線及公車站牌後，出發去。看準了幾號公車，確定這路線的終點站是我們要去的車站，公車來了，我們就上車買票坐上車，一路上我們聊天著，看著路上經過的街景跟商店，可以感受到德國的剛硬氣息。直到終點站我們下車後發現，咦～怎麼沒看到火車站？

東跑西跑繞了幾圈後還是沒有，在詢問司機後，才發現，我們坐錯方向了，因該要在我們搭車的地方的對面搭車才對。所以我們直接又搭上正要往反方向出發的公車，坐到另一個終點站。這樣一來一往，我們耗掉了許多時間，終於買好火車票以後，在回家的路上，我們經過了大賣場，買了料理的食材，逛了很久，買完東西都將近快下午了，也沒有什麼其他的地方可以去了，只好乖乖的回家進行晚餐的料理以及討論行程。

其實每天的討論都是非常重要的，畢竟是背包客，所以行程要每天作修改跟微調。就這樣豐盛的晚餐出現了，炒飯以及自己醃製的雞腿，雞腿則是用微波爐煮熟的，另外配上超市買的香檳，實在是太豐盛了。◆

公車票

背包客小撇步

當個背包客需要有某些特質，除了要有強烈適應能力，強烈應變能力，低依賴性以外，方向感跟有主見都是必備的特質。假設你不是一個人旅行，那最好找個比你有方向感，更有主見及領導能力的人一起旅行，找個比較會計畫的人一起，不然兩個人傻傻的，花了錢，卻浪費了一堆時間在交通、找住宿、找吃的，真正玩到的卻沒多少！

住宿

hostel MEININGER Berlin Hallesches（十二人房，每人每晚十三歐）Halleshe Ufer 30, 10963, Berlin。

提醒及注意事項

在hostel的廚房裡，常常會有之前的旅客離開後留下來的東西，通常hostel工作人員會過濾，把那些會壞掉的東西丟掉（公用冰箱裡頭的東西都要寫上名字，房號以及住宿日期）。通常會留下的都是些調味料，醃料，米，麵之類的，這些都是可以充分利用的東西，只要不偷用別人的東西就好，所以去購買食材前，建議可先看廚房有哪些可利用的調味料，在考慮要料理的食譜，少少的錢煮出美味可口的美食。

去過景點 been there, done that!

Berlin（柏林）。

02／12／09

正港的德國豬腳

Das reale Eisbein

接下來這兩天的幾餐都是我們自己下廚弄的，但是一點都不寒酸，今天的早餐有四片土司，兩顆蛋，六片火腿，巧克力牛奶和一顆華盛頓柳丁。

早餐過後，我們準時到了walking tour集合地，這是一個所有其它tour也在此集合的地點，到此後，你可以選擇你要的語言，主要是有英文跟西文的導遊，內容都一樣，過程差別在於導遊講的語言以及個人幽默感。我們選擇了英文的tour後由於人數龐大，所以要抽號碼牌，之後導遊會一組一組帶開，我們那一組則是手上拿著第三十五號~五十號的人。

我們花了一個下午，花了一張日票趴趴走，看了許多景點，聽了很多歷史，但是沒有去我們兩人都很期待的Sachsenhausen（滅絕營）。所以tour結束後，我們決定去Sachsenhausen集中營看看，不過因為一路上遇到的人都不會英文，就這樣坐著公車，碰碰撞撞的終於找到集中營時，已經是下午了。

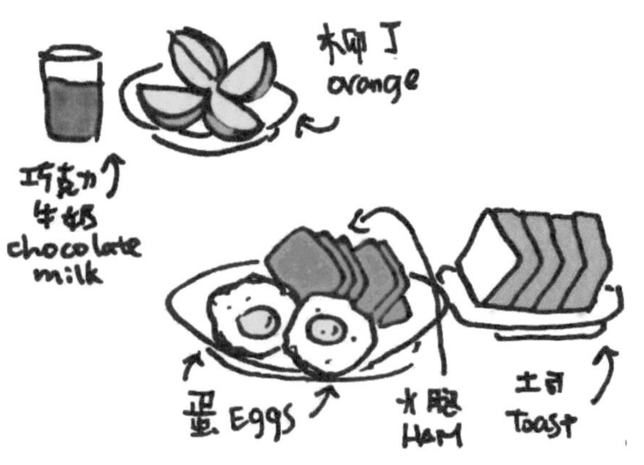

雖然裡頭的博物館已經關門了，但是其餘部分還是開放空間可以自由出入，只是看著一片雪地的大廣場、看巨大的紀念碑、那集中場，我們大概是唯一在那裡到處亂晃的兩個旅

❶ Sachsenhausen集中營廣場
❷ Sachsenhausen集中營焚化爐
❸ Sachsenhausen集中營槍斃場
❹ Sachsenhausen集中營焚化爐
❺ Sachsenhausen集中營紀念碑

5

2

4

1

3

客，我們參觀了槍斃場、淋浴房、冷凍房、還有殺了人後用來焚化屍體的焚化爐，整個集中營在沒有其他旅客的狀態下，實在是有點陰森森的，畢竟是殺過幾千萬人的地方啊！

離開了集中營，我們想到了另一個來德國一定要吃的美食，那就是道地的德國豬腳。在那之前我們有大概Google了一下德國豬腳的資料，發現了它有三種名稱，分別是三種料理方法（炸、滷、煮），我分別記下了三種名稱，名稱內都有Eisbein一詞，所以確定那是豬腳的意思。

我們詢問了幾家下午導遊宣稱老饕必去的餐廳問，問來問去就是沒有這三道菜的任何一道，其實我們最怕的就是白煮的，怕會有腥味。最後找到了一家餐廳，門口黑板菜單寫著Eisbein，我們已經放棄了繼續的念頭，想說碰碰運氣，如果是白煮的就算我們倒楣，就進去點了一份德國豬腳。

進去前還遇到下午的導遊，原來我們來到了導遊住的附近。一上菜，好家在那端來的是滷的德國豬腳，很入味的它不需要刀子即可容易切斷，在配上那大頭菜做的酸菜，真的是很特別。Peng則是點了德國香腸，我們就這樣再次的兩人一起分攤享受美食，當然還有黑啤酒的陪伴啦，畢竟回家後還是要煮晚餐的。

晚餐出了一點小差錯，我們在購買食材時算了這幾天的早餐，午餐，晚餐，卻忘記了今天出門去tour後就

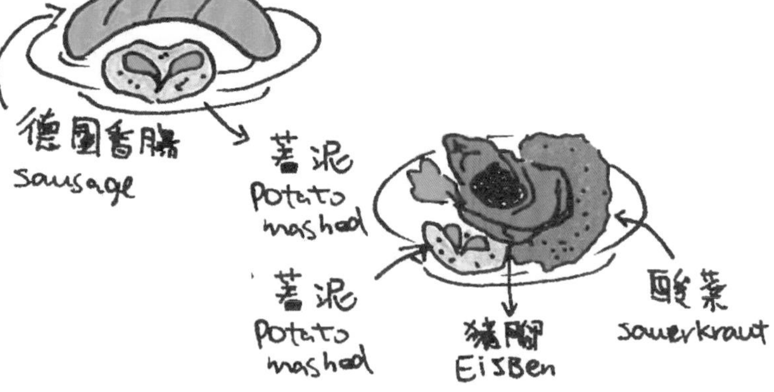

不會回來了，所以晚餐變的異常的豐富（五餐只花了四點七歐），光是Peng一個人就吃了兩隻雞腿啦。◆

國家小知識

Sachsenhausen concentration camp（滅絕營）一九三六年建立，位於離柏林往北三十五公里，因地理關係，此集中營也成為了訓練其他集中營的警衛的地方。起初Sachsenhausen只是個集中營，但後來慢慢的濫殺人數增多，開始引進了其他滅絕營的毒氣室以及Topf undSöhne專門設計的焚化爐，日以繼夜沒有停頓的進行火化。

Sachsenhausen集中營入口處「勞動帶來自由」（Arbeit Macht Frei）的標誌

這建設為有組織的集體屠殺人的地方，而Sachsenhausen是少數同時設有滅絕營及集中營的地方，集中營的特徵之一就是勞力，且納粹集中營入口處都有「勞動帶來自由」（Arbeit Macht Frei）的標誌。

Eisbein（豬腳）是德國的特色美食之一，Eisbein原意為冰腿，其它也有Schweinshaxe, Hachse, Stelze等不同名稱名稱，有分炸、滷、煮三種料理方法，不過在這之前通常都是已經先煙燻處理過了，同常會配上酸菜，才會成為一道道地的德國豬腳（十點一歐一份）。

住宿

hostel MEININGER Berlin Hallesches（十二人房，每人每晚十三歐）Hallesche Ufer 30, 10963, Berlin。

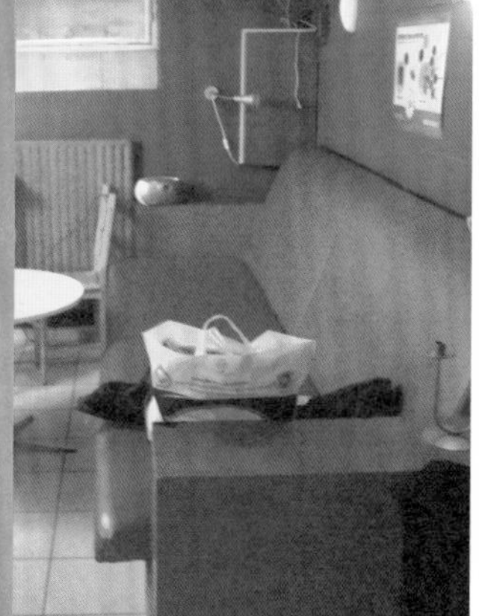

提醒及注意事項

購入食材時，要算好幾餐的量，別忘了把去Tour時中午的份去掉，通常tour都會早上開始，下午結束。而中午可能就跟認識的店家談好，把旅客帶去那裡吃午餐，導遊也可抽成。別想說，那你就不吃，回家再煮。其實看大家都在買，順著大家就一起買了午餐，之後才發現，家裡食材過剩，所以要精打細算好！

去過景點 been there, done that!

Sachsenhausen concentration camp（滅絕營）、柏林市區、柏林許多歷史建築。

02／13／09

Obyčejný den
平淡無奇的一天

跟昨天的早餐一樣，豐盛的早餐吃完後，打包好行李後，我們就去趕火車了。今天的行程是坐火車到達捷克，從德國到捷克的車程不遠，很幸運的，我們坐的車廂是六人座的車廂，但一路從我們上車到過了幾站後都沒有人進來，所以我們乾脆就直接把椅子的手把扳起來，躺下來睡，整個很大牌。

直到已經進了捷克領土內後，距離到達布拉格的前幾站才有兩位女士進來我們車廂。到達後，先買了一張捷運票，很順利的一下子就找到了我們的hostel（Arpacay Hostel）check in，按照慣例，先詢問是否有tour可以跟、打理接下來的交通與住宿，剩下就看弄完後幾點，是否有時間趴趴走，不然就單純跑去買食材。我們發現一件事情，每個國家待的三天兩夜裡，我們很固定的把第一天花在打理接下來的行程跟購買食材，第二天花在跟團把大部分重要的景點看完，剩餘時間在自己拿著地圖去趴趴走冒險，而第三天會花在把第二天沒去成的景點，自己跑去看看，或是把第三天的時間花在交通上。

這已經形成了我們的模式，當然如果一個地方好玩，可以隨意的無限延長低。這次，我們覺得目前為止已經過的夠省了，所以在食材上面多花了點錢，多了些肉類。今晚的菜單是，香煎豬排、洋蔥炒蛋、沙拉、白飯、飲料，順道一提，Peng在每個國家的飲料都一定要有酒，果然是酒鬼一個啊！◆

國家小知識

歐洲都是先進國家，相對的人民的素養也在一定的level之上，因此，歐洲有很多國家的交通工具都是採信任制。像是在布拉格搭公車或電車都是自己去讀票機那裡打洞。當然，還是有人會抽查的啦，聽說被抓到罰的超級重，所以想偷吃步的人，可以偶而試試看坐霸王車，但是後果自行負責喔！

背包客小撇步

這個撇步並不適用於每個人，那要自己對自己的EQ有足夠的自信，知道自己賭性不強，天生又有偏財運的人才適用的小撇步。歐洲很多國家是有賭場的，有些國家政府則是規定只能有賭博性機器，不能有Table games。有時可以進去碰碰運氣花個五歐，運氣好變成十歐或二十歐一收手，晚餐就有大餐可以吃了。但在這還是提醒各位，十賭九輸，小賭怡情，大賭傷身啊！

住宿

Arpacay Hostel（八人房，每人每晚七點六四歐）Radlicka 76, 15000, Prague 5, Czech republic, Prague，個人評價（1～10）：8分，地點佳、裝潢舒適、廚房不錯、衛浴標準、有附不錯早餐、公用電腦。

換洗衣物，最好是在比較悠閒的時候烘洗衣服，最好是在有烘洗衣服服務的hostel解決，有時會比較便宜。因為有時可能氣候的關係，同樣的衣服量在投幣式烘衣機比送洗服務還貴！（同樣的事情，我們在英國以及比利時都遇到過了）。

去過景點 been there, done that!

Praha（布拉格）。

02／14／09

Pivo? Ano prosím
啤酒？好的，謝謝

吃完了住宿所附的早餐，我們出發前往今天的tour。由於布拉格被一條河一分為二，而河的兩邊分別有各自的歷史重點，分別為新城區與舊城區，所以上午下午有兩個不同主題的walking tour。我們臨時起意，決定上下午都參加。所以今天從早上到將近傍晚都在外頭趴趴走，而中間的等待時間，由於實在是太冷了，我們就跑進了一間咖啡廳，雖然是咖啡廳，但我們都點了熱可可。

下午的行程跟下午一樣，不過差別在於講的都是河的這一邊的歷史背景與故事。結束後，我們回到我們的hostel，開始打理我們的晚餐，邊吃邊跟同寢的其它室友聊天討論布拉格到底有哪些好玩的地方，聊著聊著，講到了下午導遊提到的一間有名的啤酒屋，名字叫做啤酒工廠。

這家店的特色在於，每桌桌上都有自己的啤酒管，所以是自己拿著杯子自己倒著啤酒喝，要喝多少倒多少，啤酒管上還有個顯示器，上頭顯示著各桌桌號以及已消費的啤酒公升量，另外還有個投影機，把各桌目前的消費以公升量以及相等杯數投影在電視牆上，來排各桌名次，就這樣，我們喝著啤酒，跳著舞，感覺很嗨的過了這個夜晚，稍後，我們慢慢的用走的走回家，走到我們都已經覺得太累了，才搭上了一班電車，回到hostel睡覺休息。◆

國家小知識

布拉格是一座有名的旅遊城市，市內擁有為數眾多的各個歷史時期、各種風格的建築，從羅馬式、哥德式、文藝復興、巴洛克、洛可可、新古典主義、新藝術運動風格到立體派和超現代主義都有。因為布拉格建築給人整體上的觀感是建築頂部變化特別豐富，並且色彩極為絢麗奪目，因此擁有「千塔之城」、「金色城市」等美稱。經歷過幾次歷史大火災以及多次淹水過的布拉格，依舊存有歷史光彩的陪襯，是個值得一覽的城市。

背包客小撇步

由於經濟允許有限，身為背包客是一定要能省則省的。但難得出國一趟，又跑了那麼遠，紀念品是一定要買一些回去的，除了很大眾的明信片、鑰匙圈、馬克杯之類的東西以外，建議可以買些實用的東西，比如說毛帽、手套、衣服之類的。買些回到自己國家後還可以用到並且有留念價值的東西！（我就因為天氣冷，買了個毛帽，現在超級喜歡它的）。

住宿

Arpacay Hostel（八人房，每人每晚七點六四歐）Radlicka 76, 15000, Prague 5, Czech republic, Prague。

提醒及注意事項

跟著free walking tour團雖然是很輕鬆的事情，但還是要注意自身安全以及隨時跟好自己的團，以免穿越人群多的地方時，走丟走散了。雖然手上有地圖可以問路回到hostel，但是一日的計畫就因此被耽誤掉的話，實在是有點可惜，建議兩人以上同行時，兩人可一前一後的走，前方的可隨時轉身幫後方的照相，同樣的後方可幫前面的照相，可以避免停下來照相而跟不上團的腳步。

去過景點 been there, done that!

Praha（布拉格）、聖瑪麗・瑪格達雷納教堂、Katedrala布拉格城堡、聖喬治修女院、黃金巷。舊城區：胡斯紀念碑、泰恩教堂、聖尼古拉教堂、老市政廳、天文鐘。新城區：瓦茨拉夫廣場、國家博物館、歐洲大飯店。猶太區：老新猶太會堂、老猶太公墓。

02／15／09

Ahoj Česká republika 再見了！捷克

吃完今天的早餐，我們出門到處走走，買了些紀念品，時間差不多了我們就回到hostel。Check out後，行李先寄放在行李房，因為我們今天搭的是下午的火車，所以打算在這裡吃完午餐後再離開。這時候發現了一件事情，同樣的錯誤我們犯了兩次，昨天預計的兩餐之一，午餐，我們沒有回來吃，留在外頭喝咖啡跟蛋糕，所以原本預計要做成肉丸義大利麵的絞肉沒有用掉，而今天的車程又是最遠的車程，是需要過夜的長途火車，就算冷凍後也無法帶走。

就這樣，中午只好加菜啦，今天的午餐是我們下廚以來份量最大的一次了，原本就有的雞腿、沙拉、白飯，現在又一人多了一大塊的肉餅，吃完超級撐的！好了，吃飽喝足後，

CIV 54
JIZDENKA+REZERVACE
FAHRSCHEIN+RESERVIERUNG
City Night Line
01 MÍSTO/PLATZ

30	⌚	Z / DE / VON	➡ DO / A / NACH	30	⌚	TŘ./ CL./ KL.
15.02 *	18:29 *	PRAHA HL N *	->BASEL SBB *	16.02 *	07:55 *	2 *

VLAK 458 CNL VŮZ 265 LEHÁTKO/LIEGEPZ 53
ZUG WAGEN
Nekuřák SEITENGANG Střed
NICHTRAUCHER MITTE
01 11 BEFÖRDERER
0054 1080 118
CZK ****1387,00
EUR *****49,00
Globalpreis
806370067545 České dráhy, a.s.
00007411607 WASTE S PRAHA Osvob. od DPH §70
*0065-774 2690 59526 13.02.09 14:36
HOTOVĚ/BARZAHLUNG

捷克到瑞士的車票

在hostel外拍了一張留念照後，跟捷克說掰掰，前往下個目的地，瑞士。

到達火車站，因為找不到我們的月台，所以耗了一些時間才終於找到我們的車，上上下下跑來跑去的我們終於搭上了開往瑞士的火車。由於這次是長途車程，我們選擇坐比較貴一點的床車，搭上我車後，找到我們的車廂跟自己的床位後，就這樣我們開始睡覺啦，除了中途有車長來跟我們收取護照以外，其他時間，都沒什麼人打擾，真的還蠻舒適的。◆

國家小知識

跨國行駛的火車，車長會在火車開始行駛後一一進車廂向旅客收取護照及車票。該證件都會在已入境後一一歸還給旅客。

住宿

床位火車，個人評價（1～10）：8分，床位大小還可以，上中下舖會有點壓迫感，環境乾淨，車上有販賣飲料跟食物，整體算是蠻不錯的。

提醒及注意事項

在車上，除非你體力異於常人，不然通常都是倒頭大睡，雖然是單獨車廂，門上也可上鎖，但還是要注意身邊的行李，以免有小偷趁你睡熟時進去偷東西。建議把重要物品壓在枕頭底下或是床墊下，不過離開時也要記得帶走喔！

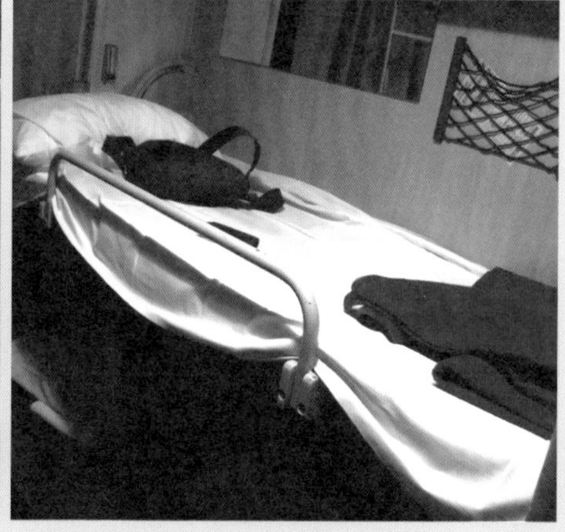

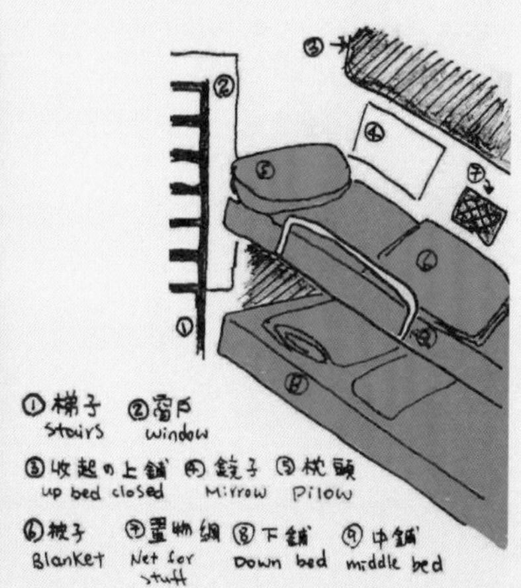

02/16/09

很高興又見面了，我的朋友

Nett, Sie wieder zu sehen meine Freunde

長達於將近十四個小時的車程，我們選擇了坐比較貴一點的車種，跟普通的比較起來不同的是，這車子是有床可以躺下來睡覺的，每車廂內有六張床，左右各分上中下鋪，雖然對於都屬於很大隻的我們來講，感到少許的壓迫感，但是整體來講算是非常的舒適的，而且因為是第一次搭上這種火車，心裡額外的感到驚奇跟興奮。不知進入瑞士邊界多久後，車長把之前收走的車票與護照還給了我們，難得能一覺到天亮的車程，很舒服的就這樣結束了。

瑞士國境內，一眼望去全都是漂亮的雪景，而接下來我們所期待的則是那三天兩夜的滑雪之旅。這次我們來到的是瑞士的Jungfraubahn（少女峰），住在一個名叫做Interlaken因特拉肯的地方。

遠望少女峰

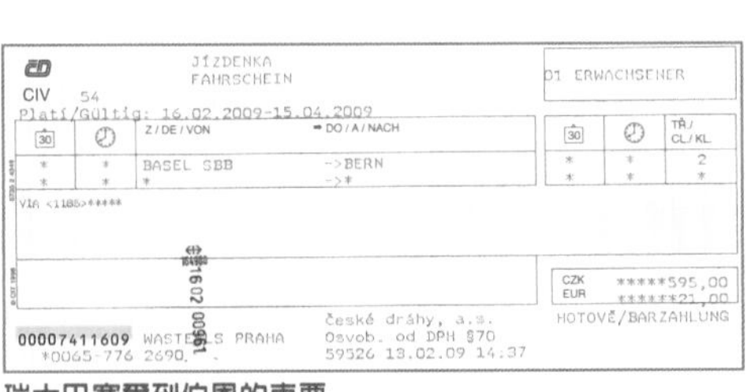

ČD JÍZDENKA FAHRSCHEIN 01 ERWACHSENER
CIV 54
Platí/Gültig: 16.02.2009-15.04.2009
Z/DE/VON → DO/A/NACH TŘ/CL/KL
BASEL SBB ->BERN 2
VIA <1185>*****
CZK *****595,00
EUR *****21,00
HOTOVĚ/BARZAHLUNG
00007411609 WASTEELS PRAHA
*0065-776 2690.
České dráhy, a.s.
Osvob. od DPH §70
59526 13.02.09 14:37

瑞士巴塞爾到伯恩的車票

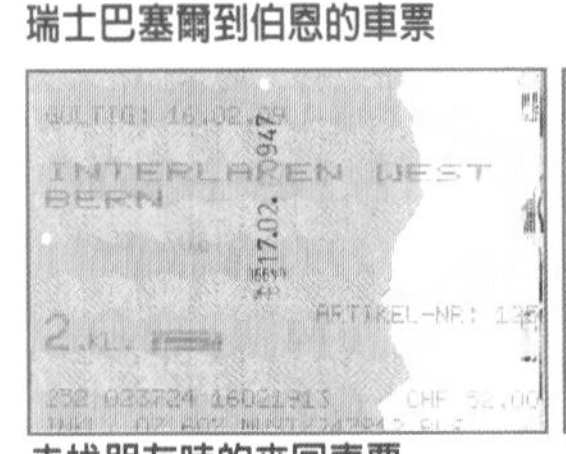

INTERLAKEN WEST
BERN
2.KL.

去找朋友時的來回車票

GÜLTIG: 16.02.2009
BERN
INTERLAKEN OST
2
1/1

伯恩到特拉肯的車票

從伯恩到因特拉肯，買了一張火車票，到達hostel（The Lazy Falken Backpackers）後，發現這間hostel的check in時間特別的晚，要到下午四點才check in，中間還有三個小時的時間，所以我們先敲了門，拜託他們先借我們寄放行李後，我們先出門去找午餐跟紀念品。

中餐簡單的在麥當勞解決了後（果然是世界第一高消費水平的國家啊，超貴），我們逛到了一家精品店，而身為一個從小就愛玩刀子的我，來到了瑞士當然一定要買一把瑞士刀留作紀念啦！而且只要憑著收據，就可以到附近的Swarovski店兌費在上頭刻字，我在我的小刀上刻了「David F. Swiss 2009」的字樣後高高興興的回hostel整理行李。

由於明天後天連續兩天我們都要滑雪，所以只剩下今晚可以跟兩位之前在西班牙認識的加拿大廣東後裔見面，所以趁Peng在檢查這間hostel的廚房裡可利用的東西時，我先出門找公共電話，打給Leone Tsang和Asm Yu兩人，她們是從加拿大來瑞士的建築系交換學生，要在瑞士呆上三個月，之前先去西班牙玩，所以才會遇到因此認識。

我們約好了等我們到瑞士後要約出來碰面，當晚，我們又買了一張伯恩與因特拉肯的來回車票，到了伯恩跟她們一起晚餐。Leone介紹我們來到一間叫Brasserie Anker（Kornhausplatz 16, CH-3011 Bern）的餐廳，在這，我終於吃到了瑞士的必吃美食Cheese Fondue（起司火鍋），不過跟我預期的不一樣的是，原來道地的Fondue是只有一整鍋的起司，插著麵包沾著吃而已，沒有其它的東西，跟想像的有些許的差距。

我們一邊吃飯，一邊聊天，一邊問她們來了這段時間有感受到什麼特別的地方。飯後，我們來到她們的教室，有幾位其它的同學也在那裡做作業，我們稍微聊了一會兒後，因為要趕火車，所以就離開了伯恩，回到hostel睡覺，溫飽精神，準備迎接明天的滑雪初體驗。◆

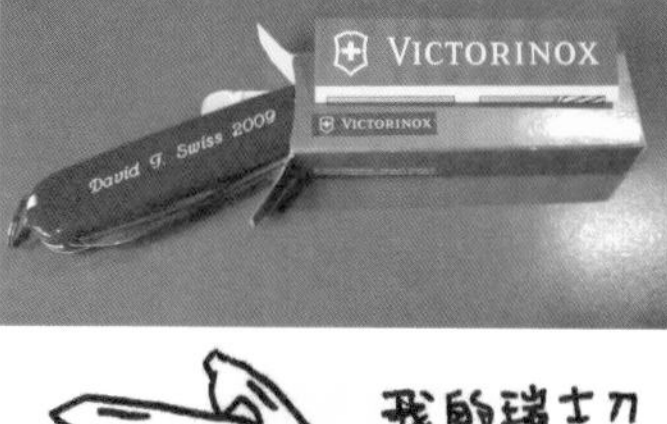

瑞士的必吃美食——起司火鍋

國家小知識

Interlaken因特拉肯意思為「在湖水之間」，位於Brienz及Thun兩個湖中間，是瑞士著名的度假勝地，作為少女峰山腳下的一個觀光城市，城市裡的生活機能非常方便。買火車票到因特拉肯車站時可坐到東站或西站都可，但要坐車上山滑雪時，登山鐵路只有從東站出發，所以hostel選在東站還是稍些方便些。

Cheese Fondue（起司火鍋）：瑞士美食，酒精爐溫暖著的火鍋裡，溫暖著白酒中融化著的起司，加入配料，以一根細長叉子，插上切成方丁的麵包，沾著融化的起司入口，濃厚的奶香蔓延在口中，真是一大享受。傳統瑞士起司火鍋會選用格魯耶爾、維切林、富瑞伯傑斯等起司再加上白酒及櫻桃Schnapps烈酒一起煮，而麵包則選燕麥麵包或茴香洋蔥麵包。

背包客小撇步

如果你本身不是個會下廚的人，可以在出國前做足功課，找一些簡單的料理，市面上有許多的懶人料理法的書籍、料理小撇步、或是微波爐料理書，充分利用這些，不但可以讓你省錢，還可以感受真實生活在異國的樂趣，從想菜單、買食材、料理到享用美食，這些也成為了此次旅遊的回憶之一。

住宿

The Lazy Falken Backpackers（六人房，每人每晚十五點九歐）Spielmatte 8, 3800, Interlaken，個人評價（1～10）：7.9分，地點佳、裝潢還可以、廚房不錯、衛浴普普、有附早餐，離滑雪勝地近。

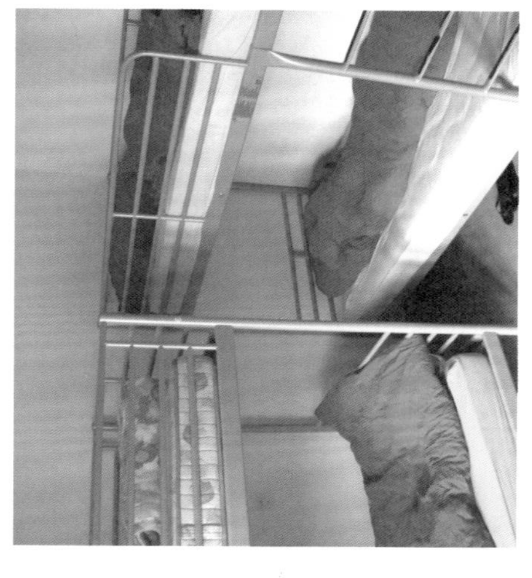

提醒及注意事項

睡袋的用途除了在那些沒有供應乾淨床單、床墊的hostel時可以用以外，當天氣太冷而被子不夠時，也可以拿來用，相當方便。另外，如有烘洗衣物時，烘衣時，為了事半功倍，毛巾，浴巾之類的東西可以幫助整個烘衣機的熱度保持，更快的把衣服烘乾。

去過景點 been there, done that!

Bern（伯恩）、食人鬼噴泉、Brasserie Anker餐廳、Interlaken（因特拉肯）。

02/17/09

¡Mein erstes Mal, es wirklich Herzen!

我的第一次真的好痛！

人生中會有很多的第一次，這第一次也許很痛、很累、很刺激。別想歪，我指的是我第一次滑雪啦！真的摔的很痛、練的很累、滑雪滑的很刺激。但是老天不作美，第一次滑雪竟然給我來個暴風雪天。

一大早，我們邊吃著hostel的早餐邊看著Jungfrau的實況天氣影像，這是一個從少女峰的瞭望台二十四小時自動拍攝三百六十度全景的電視台，好讓附近的任何人都可收看，並看到山上最新氣象狀況。雖然下著雪，但是我們依舊還是往山上出發了。我們拿著我們剛買好的少女峰兩日滑雪通行證，帶著此證，在這兩天內我們可以搭乘市內的任何上下山交通工具（公車或登山鐵路火車）以及山上的吊纜纜車。

兩日滑雪通行證

一到了山上，我們馬上找了間跟hostel有合作的配備出租行，因為這樣有打折。Peng以前曾經跟朋友去加拿大滑過雪，所以他選擇了他喜歡的滑雪板，而因為我滑雪屐跟滑雪板兩個都想嘗試，所以我分別今天跟明天各試一種。今天我用的是滑雪屐，我們弄好配備後，就出發去坐纜車上山。

一開始，我光是要把滑雪鞋卡進滑雪屐裡，就耗了我快半個小時，整個很難。終於弄好了後，Peng跟我稍微解釋了煞車跟前進的方法後，終於，我們開始滑雪了，但是因為一

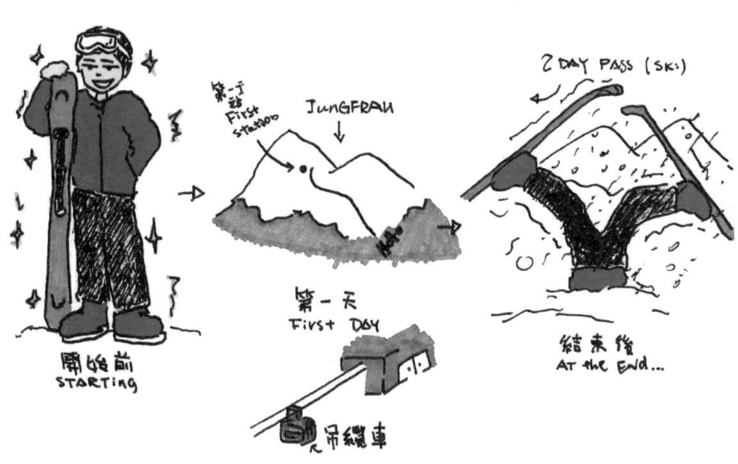

直在下雪，雪積了太厚太軟，所以不太好滑，而且我的護目鏡濕掉了，不戴又會看不見，整個滑的很困難，連Peng都一直跌倒。我們光是從最低的第一站滑下來就花了快一個小時半的時間，又冷又累又濕的我們，滑到下面時只好棄權。回到住宿後，洗完澡弄晚餐，聊聊天後，就很累的跑去睡覺了，期待明天天氣會好一點，不要枉費了我難得來到阿爾卑斯山滑雪的機會。◆

國家小知識

Jungfrau（少女峰）海拔四千一百八十五米高的少女峰是同名山脈斷層中的最高峰。跟Eiger艾格峰（三千九百七十米）以及Mönch莫希峰（四千一百零七米）一樣同為阿爾卑斯山脈的一部分，位於瑞士境內，一八一一年首次由Meyer兄弟征服。

Jungfraubahn少女峰鐵路一九一二年開始通車，最高坡度高達二十五%，有四分之三左右的路段是在冰河底下隧道岩壁裡通過，其終點站為Jungfraujoch少女峰站，是全歐洲海拔最高的火車站（三千四百五十四米），下車處有一塊「Top of Europe」的立牌，吸引許多旅客在此拍照留念。

背包客小撇步

續之前講過的賭場撇步，除了可以碰碰運氣看是否可以把小錢變更多小錢之外，有些規模大一點的賭場還

會有供應食物及飲料，有的時候還有包裝好的三明治，這時候當然就要發揮異人的潛力，嘴裡吃一個，手裡拿一個，眼裡看一個，就算沒贏錢，也要先吃飽，離開時再帶一個走，明天的早餐就有著落啦！

住宿

The Lazy Falken Backpackers（六人房，每人每晚十五點九歐）Spielmatte 8, 3800, Interlaken。

去過景點 been there, done that!

Jungfrau（少女峰）。

02/18/09

我征服少女峰了！

¡Ich eroberte das Jungfrau!

果然老天爺還是疼愛我的，今天一起床做的第一件事就是拉開窗簾看外頭的天氣如何。非常好，一眼望去就可以看到少女峰，再清晰不過了，是個超好天氣！那位有癡睡症的Peng還在睡死當中，沒有爬起來吃早餐，所以我自己先跑下樓去吃早餐了。

稍晚，兩個人都準備好了後，坐上了車，再次上山挑戰少女峰。我們弄好了配備，就開始了今天的新挑戰，今天我跟Peng一樣都是用滑雪板，昨天因為氣候的關係，我們只嘗試了從最低的第一站滑下來，今天卻試了第二高的中間站，果然更陡更斜。不過，我個人是覺得滑雪板比滑雪屐還要來的簡單耶，前面我花了快半小時學會如何安全煞車後，我們就開始衝了，一路上，我的速度雖然比不上Peng，但是對於初體驗的人來說，算是很不錯了，連Peng都覺得我非常厲害了，也讓我深深的愛上了滑雪。我們只花了將近兩個小時就滑到下面了，也就是整個太順利了啊！

只比昨天多花了半小時，滑的距離卻比昨天多了快一倍。可能是因為天氣太好的關係，我們滑的很順利，因此，我們決定再次挑戰一次同樣的滑雪道，看可不可以以更快的時間滑完。這次，到了第二站

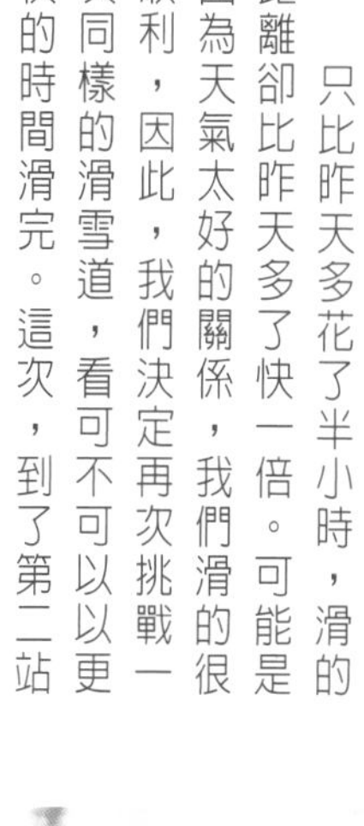

時，我們看到一堆人在那裡休息吃吃喝喝的，我們也想感受一下那氣氛，因為那裡有個休息站，有很好的View，在阿爾卑斯山上來杯熱咖啡，超有Feel的啊～就這樣，再次出發前，Peng買了一份薯條跟啤酒，而我就享用著我的咖啡。

休息過後，我們開始滑雪，這一次，因為路線比較熟悉了，所以比較不怕了，但是也因為鬆軟的雪也被許多人滑過了，很多地方都變成比較困難控制的硬雪，果然，做人真的不能太臭屁，才剛開始沒多久，在某一次的跌倒過程中，我扭傷了右腳踝，趴踏兩聲，彷彿感覺到自己的筋斷掉了還是骨膜破裂似的，整個超級痛的！但是心裡想著，我人現在在山上耶，總是要下山的啊，就這樣，盡量橋到比較不痛的角度，一感到痛的時候就直接坐下重新站起來，慢慢的滑下山。

雖然我在初體驗扭傷了腳，但還是覺得滑雪超好玩的。回到住宿後，還是跟昨天一樣，洗澡煮晚餐，弄一弄後就倒頭大睡，畢竟這樣兩天下來，對頭一次滑雪的人來講，真的有累到！◆

國家小知識

在瑞士，有幾個滑雪勝地可以選擇，其中之一就是阿爾卑斯山的Jungfrau滑雪道，來到這，一定要買滑雪通行證，它以少女峰的三個山峰分別來分難度等級，因此通行證也分開來賣，通行證是往下相容的，所以難度越高的通行證，可以三個山丘都去，而最低的就只能呆在一個山丘。

我們買的是Jungfrau Sport pass，光是這裡就有四十五個設施、二百一十四公里的滑雪道，兩天的通行證是每人八十一點四歐，可以直接到旅遊中心買或是去設備出租店買。

背包客小撇步

在出國前，每個國家要focus的重點都該事先規劃好，其餘的free style變化只限於多呆或提早離開的決定。很多事情都是提早預定的話，票價會比較便宜，出租配備也是一樣的道理，我為了要嘗試兩種滑雪，本來要滑雪板、滑雪屐各分兩天租，但這樣租金會比租一種一次租兩天來得貴，所以我就一種租兩天，然後隔天在跟店員說我穿的不適合，想換滑雪板，只要態度夠誠懇，店員就會給你換啦！

住宿

The Lazy Falken Backpackers（六人房，每人每晚十五點九歐）Spielmatte 8, 3800, Interlaken。

提醒及注意事項

在旅途當中的任何時候，如果有發生意外受傷，還是要先緊急處理，不要硬撐，心想著難得來到那麼遠的地方，就這樣待在家裡休息太浪費錢了，所以繼續亂跑，如沒大礙，那真是謝天謝地，不然到時候造成終生後遺症的話，到時在後悔就來不及啦！

去過景點 been there, done that!

Jungfrau（少女峰）。

02/19/09

人在比薩吃披薩

Mangi la pizza a Pisa

早上check out後，我們再度的背著大包小包的來到火車站。準備前往下一個也是最後一個國家，義大利。這一路上我們必須轉兩次火車，買好了票後，我們就出發了。我們在義大利的第一站是Pisa（比薩），不過比薩其實沒有太多的景點可以看，唯一目的就是去看比薩斜塔，感覺是個不該錯過的景點。

當晚，我們到達比薩後，住進hotel（Hotel La Torre）後，就先到附近的網咖搞定接下來要去羅馬的行程，弄好之後，我們就放心的找餐廳覓食去，當然，我們解放開來大吃特吃啦，因為講到義大利美食（披薩、義大利麵、雪糕），都是不可錯過的東西。

我們在街上找了一家裡頭客人最多的一間，當然價錢也有先看過了，進去後，我們分別點了不同的義大利麵，我的是起司醬義大利麵（我更喜歡的其實是白醬），隨後還點了一杯義大利咖啡，而不甘示弱的Peng在吃完他的海鮮紅醬義大利麵後，還點了一份四季披薩，以及一公升的紅酒分我一起喝。

飯後回到hostel，感覺這間超像汽車旅館的，原因不在於它的大小而是它的格局和擺設，尤其是那淋浴只有用一面木板牆隔開，是開放式的，而且還是一張雙人床，我跟Peng看到時兩個人傻眼，不過也還好，跟從九歲就認識的Peng超級熟，不至於尷尬，洗完澡後，睡覺去。◆

國家小知識

Pisa（比薩）是義大利中部的名城，位於阿爾諾河三角洲，當地有拿破崙一八一三年創建的比薩高等師範大學以及比薩大學兩所歐洲最古老的大學之一，因比薩斜塔聞名於世。

背包客小撇步

由於這已經是我們的最後一個國家了，所以可以把自己斟酌看是否把身上帶著的現金花完，畢竟有匯率差，再換回自己的貨幣也許也只是虧，所以建議除了因為路線因素以外，可以把自己喜歡的國家擺在最後，甚至可以回到第一個踏入的國家，以繞圈的方式遊玩歐洲。當然，這只限用在之前有成功省錢的旅人，不然也有可能像月光族一樣，玩到最後，反而現金不夠花，導致旅遊提早結束。

住宿

Hotel La Torre（雙人房，一晚三十歐）Via Cesare Battisti 17, 56125, Pisa，個人評價（1～10）：7分，地點超優、裝潢普普、沒廚房、衛浴有待加強、有附早餐但沒有行李寄放服務。

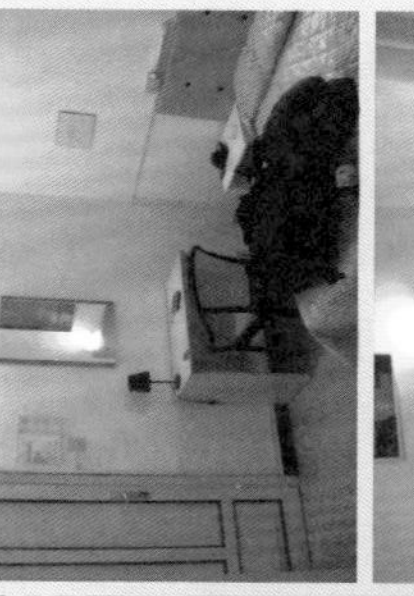

提醒及注意事項

選擇住宿時，有時有些hotel會把自己列入hostel名單裡，原因大概是因為生意不好，加減賺。通常這樣的住宿雖然價錢會跟hostel一樣便宜，但規格以及環境都會比較差一些，如果對住宿比較沒那麼挑的人，也是個不錯的選擇。

去過景點 been there, done that!

Pisa（比薩）。

02／20／09

¡Sono un turist!

我是觀光客！

今天我們整個有早一點起床，打了一通電話給總機後，過了不到五分鐘，兩人份的早餐就這樣送到了房間來（就說這根本就是汽車旅館啊！）。吃完早餐後，就趕緊把東西收一收，出門去看斜塔。我們要早起的原因在於，這間hotel並沒有寄放行李的服務，所以我們必須趕在check out之前去看完比薩斜塔。

買了張公車票，沒一會兒功夫，我們就到了比薩斜塔。名景點果然是名景點，一大早的，斜塔那兒已經一堆人在參觀了。好笑的是，有好大一群不知打哪來的亞洲旅行團，一堆人在那裡跟斜塔照相，而照相pose則是那觀光客一定會照的「推塔」動作照。是的，雖然覺得一群人那樣做一樣的動作很蠢，但我也是觀光客，所以我也想照一樣的Pose，只是不一樣的是，我跟Peng跑到斜塔的另一頭，比較沒有人群的地方照，這樣照片背景也比較乾淨些，誰叫我是觀光客呢，這是一定要的啦～

話說，世界真的很小，當我們拍完斜塔後，正準備要離開時，看到了一位感覺很面熟的東方臉孔，她那誇張的帽子應該是世界唯一一頂啊，此時此刻，對方似乎也很疑惑的看了我們一會兒，忽然大叫：柏華～阿拎那ㄟ底加（台語），是的，我們竟然在地球的另一邊遇到了哥斯大黎加的朋友的爸媽，本想要拍照留證的，但是因為他們正在排隊要上比薩斜塔參觀，正要進入，所以就沒多聊了，但也讓我們離開前，會心一笑了一下。

離開前，我們進去了一家雪糕店，各買了一份雪糕後，心滿意足

比薩斜塔
pisa leaning tower

02614055 B
cpt Compagnia Pisana Trasporti spa
P.IVA 01024770503
BIGL. URBANO VENDITA A BORDO - 60' - Urb. PISA
€ 1,50 Agente: 02408 - 60' DA TIMBRAT.
11 02-09 17:31 - 4218/02 - 11/UVB 2867CB/02614055

公車票

我也是觀光客……

的離開了比薩斜塔，離開了比薩，前往最後的城市，羅馬。到達羅馬時已經是傍晚了，很順利的找到我們的hostel（Pop Inn Hostel）後，詢問之下發現，羅馬沒有free walking tour，只有要付費報名的，我們討論過後想說反正都來了，試試看好了，另外還順便報名了羅馬夜生活tour，畢竟我們兩個也都是夜店咖，這個tour每人十五歐，如要包括晚餐另加五歐，聽說吃的是道地手工義大利麵，所以我們選擇了多付五歐的，所以二十歐裡包括了晚餐一份、隨你喝到吐的紅酒、某酒吧的shot一杯、某高級夜店入場跟免排隊，還算划算啦！

就這樣，時間一到，我們跟一群人先去吃了超好吃但超小盤的義大利麵後，回到hostel玩牌耗時間，邊玩還邊有喝不完的紅酒可以喝，我們幾個人還玩起了今晚的高潮遊戲，那就是最贏家可以到夜店時，給每位玩輸的人指定一位搭訕目標，目標則是要到電話，其他人就在旁看好戲。很幸運的，我贏了這遊戲，所以我將是今晚的指定者，當晚，玩得很開心，雖然腳扭到了還硬是要跳舞，不過還是很開心，大約凌晨兩三點回到家，倒了就睡嚕！◆

國家小知識

Torre di Pisa（比薩斜塔）義大利比薩城大教堂的獨立式鐘樓，位於比薩大教堂後方，是奇蹟廣場的三大建築之一。一一七三年八月起工，中間工程曾中斷兩次，經歷了快二百年才完工。一一八五年，鐘樓建到第四層時發現由於地基不均勻和土層鬆軟的關係，導致鐘樓偏向東南方傾斜。一二三一年工程繼續，試圖以反方向建層來修正傾斜。一二七八年建到第七層時，塔身以不再呈直線，工程再次暫停。

一二九二年Giovanni Pisano測量了鐘樓傾斜度，一三六〇年再度修復，最後在一三七二年完成了頂層，五十五米高的八層鐘樓共有七口鐘。傳說一五九〇年，義大利物理學家伽利略曾在比薩斜塔做自由落體實驗，將兩個不同重量的球體從相同高度扔下，結果兩個鉛球同時落地，發現了自由落體定律。趣事：一九八三年英國電影《超人III》中的邪惡超人，在世界各地「做壞事」，其中就包括把比薩斜塔扶正，而電影結局是好的超人又將塔樓恢復到原來的傾斜角度。

比薩斜塔

背包客小撇步

有時候遇到沒有寄放行李的住宿時，如果時間可許，當然可以跟我們一樣，先去看完景點再趕在check out時間之前回來，但如果該地點的景點不是半天內可看完的，行李又沒有地方放時，如不想背著大包小包的跑來跑去，可以先去接下來要搭車的火車站寄放置物櫃，雖然要錢，但是會讓人整個輕鬆許多，這不也是一個不錯的方法。

住宿

Pop Inn Hostel（六人房，一晚二十一點五歐）Via Marsala 80, 00185, Rome。個人評價（1～10）：8.7分，地點超優、裝潢普普、沒廚房、衛浴有待加強、雖然附的早餐超爛但房間還蠻舒適的。

去過景點 been there, done that!

Torre di Pisa（比薩斜塔）、Rome City（羅馬市區）。

02／21／09

La guida di turist non è una persona divertente

今天的導遊很無趣

一大早的，我們拿著早餐兌換券到了隔壁的咖啡廳換早餐吃，雖說是早餐，但其實也只能兌換一杯咖啡跟一個麵包。吃完後，因為接下來要出去跟團，想說中午應該沒法回來吃了，這家店的義大利麵還算便宜，我們就乾脆吃了個Brunch。之後我們坐車到了集合地點，這次的tour跟以往不一樣的是要事先報名跟繳費的，人都到齊後，導遊給我們每人發了一個收聽器，帶著耳機就可以聽到導遊的講解。

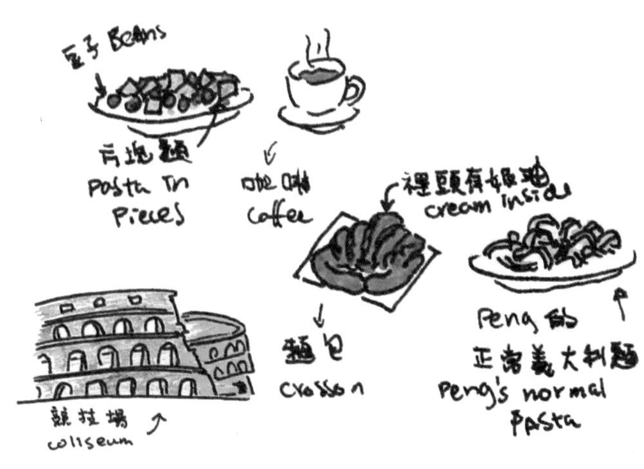

一路上我們看了許多的東西，但是因為導遊的關係，整個tour變的很枯燥。這種tour，導遊的錢已經進入口袋了，所以他也不用費心把講解講的生動有趣，感覺很像在聽錄音帶一樣，有時還可以聽到導遊的呼吸聲、跟別人的聊天聲、或是口哨聲，整個很不舒服。說真的，我只有在看到真的有興趣的景點時才會再把耳機戴上，不然真的太吵了。

今天的大目標除了Colliseum（羅馬競技場）外，再來就是那幾個有名許願池。來到許願池，導遊給了我們二十分鐘的自由時間，我跟Peng就跑去一家雪糕店吃冰。還帶著冰跑到許願池旁丟銅板許願，最後這個tour在某大廣場結束，結束後，我們拿著地圖慢慢的走回家，邊走邊看風景，感受羅馬人民氣息。到了hostel附近，我們找了一家餐廳吃晚餐，我點了披薩、千層麵、咖啡，Peng則點了披薩、義大利麵、啤酒。我們吃完後走在街上，總感覺還不夠飽，經過了一間中國餐館時，看了一下價位，結果我們又跑進去點了一些食物，分別是我的玉米濃湯以及Peng的炒飯和酸辣湯。滿足後的我們回到hostel，看到了今晚要去Pub Crowd的人們，決定再去瘋一晚，就這樣，同樣的行程，不同的酒吧跟夜店，三四點回家睡覺，又結束了一天。◆

羅馬競技場

羅馬競技場外牆

許願池

國家小知識

Colosseo（羅馬競技場）由維斯帕西安皇帝開始建造，八年後由他兒子提圖斯完工。古羅馬人用它作為鬥士間進行格鬥、人與動物搏鬥或動物間相互廝殺的場所，可容納將近五萬人在這觀賞角鬥，而中場休息時間則安排處死人犯，這樣殘忍的大眾娛樂活動到五百二十三年才被完全禁止。十五世紀時，教廷為了建造教堂和樞密院，拆除了競技場部分石料，形成現在殘缺的模樣。

Pantheon（萬神殿）二十七年羅馬共和國時期，阿格里帕為了紀念打敗安東尼和「埃及豔后」克利奧帕特拉而建造。西元一百一十年時毀於祝融，當時的亞德利阿諾皇帝決定重整，採用了許多創新手法。萬神殿正面是由高十二點五公尺的圓柱所支撐的希臘式門廊，神殿本身直徑與高度為四十三點二公尺。義大利國王皇后還有文藝復興三傑之一的拉斐爾都葬於此教堂。

Fontana di Trevi（特萊維噴泉）建於羅馬最大的巴洛克風格噴泉，高二十五點九公尺、寬十九點八公尺。

住宿

Pop Inn Hostel（六人房，一晚二十一點五歐）Via Marsala 80, 00185, Rome。

提醒及注意事項

旅遊到了尾端，接下該注意的是準備回程的機票以及中途轉機時

羅馬競技場

特萊維噴泉

所需的花用，班機是否正常，詢問當地機場相關地理位置以及海關相關規定，可降低在海關遇到麻煩的機率。

去過景點 been there, done that!

Pantheon（萬神殿）、Colosseo（羅馬競技場）、Fontana di Trevi（特萊維噴泉）、Piazza Navona（納沃納廣場）、Piazza Venesia（威尼斯廣場）、Piazza di Spagna（西班牙廣場）。

比薩到羅馬的票

難得可以小小賴床一次，想說昨天的tour實在是給他太無聊了一點，所以雖然有其它的tour，但是我們決定不參加，自己自由活動到處趴趴走就好，所以不用早起。我們打算自個兒去看另一個來到羅馬不可miss掉的重要觀光景點，Vatican City（梵諦岡城），也就是羅馬教皇所在之地！

起床後，照樣先去認領了早餐後，直接跑去昨天那家中國餐館吃午餐，我點了炒飯跟酸甜肉，Peng則點了炒飯跟酸辣湯。吃飽後，我們來到了梵諦岡城，發現了它除了那大教堂以外，還有另一個梵諦岡博物館可以看，不過因為人太多了，所以我們參觀完教堂後就開始沿路慢慢往回家的方向走。但是我們走到某個公車站時，我們兩個都覺得不想再走了，覺得累了，所以我們最後還是搭上了公車，回到了hostel附近剛好是吃飯時間。

因為Peng隔天還想去參觀梵諦岡博物館的關係，需要精打細算的把明天的入場券的錢先空下來，才能知道我們今天還有多少預算可以花在吃的上面。算完後，我們還是決定去吃那中國餐館，這次我點了炒飯跟回鍋肉，Peng點了炒飯跟炸烤鴨。這時候我們邊聊吃邊聊邊算剩下幾天的行程時，忽然發現我們大錯特錯的

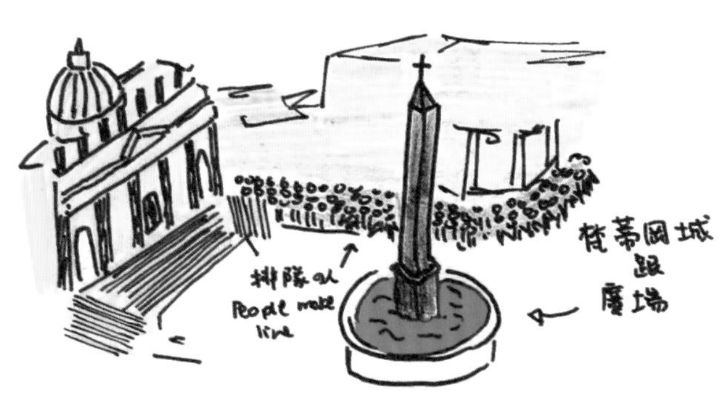

把日期算錯了。原本一直都以為明天就要離開義大利的我們，一直少算了一天。因此，今晚，我們很乖的待在hostel裡，不敢亂跑了。◆

國家小知識

Vatican City（梵諦岡城）前身為教宗國，位於義大利首都羅馬市裡，是全球面積最小，人口最少的國家。一九二九年開始被拉特蘭條約確定為主權國家，接受聖座的直接統治。梵諦岡在拉丁語中意為「先知之地」，宗教領袖制國家的梵諦岡，教宗（元首）由八十歲以下的樞機在西斯廷禮拜堂舉行教宗選舉，其教宗可終身任期。

背包客小撇步

旅途的最後了，記得把帶來的餅乾泡麵跟中途買來的麵包乾糧什麼之類的都處理掉，光是小東西吃一吃也是會飽的，省了錢包還減輕行李重量，讓你有更多錢跟空間來裝紀念品，真是一舉兩得。

住宿

Pop Inn Hostel（六人房，一晚二十一點五歐）Via Marsala 80, 00185, Rome。

提醒及注意事項

出門在外，除了要預防被搶，被扒手以外，還要注意金光黨。通常出沒在符合以下幾項環境的地方：人多人雜的地方、有小攤販的地方、有街頭藝人的地方、同時還是個觀光景點。如有人主動靠近你要變把戲給你，請小心自己的包包，很可能扒手就在其中，其它觀眾也可能是同黨，為了當你發覺到要追扒手時，裝路人擋在你面前。

去過景點 been there, done that!

Vatican City（梵諦岡城）。

02／23／09

各走各的路

Sui mio proprio senso

這將近一個月的時間以來，我發現了我真的不是個藝術咖，而且要我付入場券去看我沒興趣的東西，實在是很不甘願。所以，今天我跟Peng決定兵分兩路，他去他的梵諦岡博物館，而我則去找出地圖上我們沒去過的景點，把錢省下來吃大餐。

我先陪Peng到博物館排隊，等到他進去後我才離開，開始了兩個小時的尋寶遊戲。為何我只有兩小時呢？因為今天我要跟兩位在阿姆斯特丹認識的巴西朋友會合，因為很巧的在這一天，羅馬也是他們的最後行程。一路上我照了很多的相片、好多的噴泉、好多的禮堂。其中有一個噴泉是我印象最深刻的，因為地圖沒有畫出它位於半山腰上，而我一路走一路爬，終於找到了時候發現我已經到了半山腰，可以看到整個羅馬，視野超好，超有成就感的，感覺羅馬被我征服了的感覺！

接下來，我跟朋友碰了面，但是因為他們已經付了tour的錢（我們昨天去的那個），所以我就跟他們約tour結束後，但最後他們似乎是走丟了，又沒有任何聯絡方式的我們，只好就這樣默默的祝對方一路順風。回家路上，我經過了Zara，當然一定要再進去逛一逛的啊，又敗了一件衣

服（省梵諦岡入場券的錢買的），整個就是愉快的一天。跟Peng約好的時間地點到了，我進了餐館等，沒一會兒，Peng出現後，我們點了晚餐後，一邊互相分享今天的過程，真的很有趣。

今晚的晚餐，一人一碗牛肉麵後，我加點了小籠包，其實目的是為了要跟家裡賣的做比較，當然是媽媽做的大勝！在我們再次確認今晚是最後的一晚後，我們發現身上的錢還夠吃一頓，我們就跑去大吃大喝，找到一家還不錯的披薩店，原本只要吃披薩的，但看到端到隔壁桌子的義大利麵好可口啊，我們就心動了也各叫一份，真的超級好吃的！就這樣，義大利之旅，完美的在美食與美酒下，劃上了句點。◆

國家小知識

Musei Vaticani（梵諦岡博物館）成立於一五〇六年，十六世紀時，教皇諾略二世創建了此博物館。號稱世界上最偉大的博物館之一，其中的收藏品是多個世紀以來羅馬天主教會收集的成果。每月的最後一個星期日開放免費參觀，需要大排長龍才能進得去。主要展館有Museo Pio-Clementino（希臘、羅馬時代雕刻）、Museo Gregoriano-Etrusco（公元前四世紀以前的收藏）、Stanze di Raffaelo（拉斐爾及徒弟們的壁畫）以及Pinacoteca Vaticana（主要收藏繪畫作品，包括了達文西、喬托・迪邦多納、等大師作品）。

背包客小撇步

在機場，有時需要長久的等待，隨身帶著一個小型鬧鐘，這樣可以稍微休息片刻又不怕睡過頭，但注意記得要把自己的重要物品抱在懷中或是壓在頭下，才是安全。

住宿

Pop Inn Hostel（六人房，一晚二十一點五歐）Via Marsala 80, 00185, Rome。

提醒及注意事項

金錢控制真的很重要，畢竟我們的主旨是省錢大作戰之旅，不要把錢花在浪費的事物上，每分錢都要花在刀口上，這樣才能省錢旅遊。

去過景點 been there, done that!

許多不知名的景點。

02/24/09 回到家真好

Que bueno estar en casa

吃完早餐，我們搭上從羅馬到機場的火車，順利的到達機場，順利的搭上飛回美國轉機，然後幾個小時後再次飛往家鄉，哥斯大黎加。我們很順利的完成了這個長達一個月的背包客之旅，旅途結束了，錢也花光了，腳也受傷了，也開始懷念哥國的當地食物了，尤其是肉類的美食，因為我們為了省錢，我們一個月來米飯跟肉都吃的比較少。

我們最後總結下來，現金跟刷卡的帳結一結後，包括機票在內，我們花了大約不到四千美元，說真的，其實還可以花更少的，在這裡我要聽從我好友Peng的建議，他說這本書到了最後如果沒有提到這兩件事情，那這本書就不完整了。這兩件事情就是，第一，就像Peng在歐洲每個國家都一定要喝到酒精飲料一樣，我們兩個在每個國家都有去小賭一下，而這是我沒有讓爸媽知道的事情，畢竟老一輩的長輩們不喜歡我們去那種場所。

第二，也因為要報帳，所以之前附上的記帳表，是我跟Peng兩人努力想破頭，硬是東加西加後，才把花費湊滿到我們的實際花費。所以真實實際花在旅遊上的錢大概只有三千八美金，甚至可能還更少，至於玩掉的那些錢，就當作美好的回憶吧，呵呵。

羅馬回美國

美國回哥國

去機場的票

不過言歸正傳，該省的我們都省了，該買的我們也都買了，該參觀的我們也都參觀了，想去的景點也都去了，所以，我敢大膽直言，歐洲此行，非常的成功。畢竟，能快快樂樂的出門，平平安安的回家，就是最好的結局了，雖然回到哥國後的當天晚上，因為腳受傷的事情被爸媽念了一下，隔天馬上去做腳踝的治療，整整治療了兩個禮拜多才開始慢慢復原，還好沒有什麼大礙，不然活碰亂跳的我，真的會整個人blue起來吧！

最後，希望大家看完這本書後，覺得這本書很有趣也很有用，對於有心計畫要去歐洲當背包客的朋友們，可以幫上大大的忙，我想，很多人可能都跟我一樣，想在還沒被工作綁死、還沒被年紀限制、還有錢有閒有體力的時候，出去看看這個世界，透過自己的雙腳，跑遍歐洲這片土地。出這樣的一本書，除了想對大家分享我的經歷之外，也是我想給自己的一個回憶，雖然九歲就移民出國的我，文筆真的很差，但是回憶跟心意絕對是這本遊記裡頭最珍貴的內容。期待大家的出國經驗，可以跟我一樣，經歷一些讓你一生有趣難忘的事情，並跟更多的人分享。嗯，期待下次的旅遊到來，是南極？埃及？還是南美洲呢？各位敬請期待吧！◆

【附錄】流浪九國的記帳花費

2009 01/24 ~ 02/24

COSTA RICA

24/1/09

Costa Rica (breakfast $8)

Atlanta (Macdonald's lunch $9.43 + Twix $2.2)

SPAIN MADRID

25/1/09

Metro €8.8

Museum Prado €3.0

26/1/09

Walking tour's tip €7.5

Lunch €9.5 (1 bottle wine included)

Paella + beer €5.5 (tapas)

Zara €20.9

Gum €2.25

27/1/09

Metro €1.0

Lunch €7.4

SPAIN BARCELONA

Metro €1.3

Frozen rice 3.95

Dinner Macdonald €7.7

28/1/09

Walking tour's tip €5

Fruit “li-chi” €1.0 (1/2kg)

Post card €0.5

29/1/09

CN stadium €4.6

Zara €29.85

Airport coffee €3.3

Snack €3.0

FRANCE PARIS

(€62.9) + €15.5 + €15 / €93.4

Metro €1.6

30/1/09

Lunch €9.3 (with friends)

Louv museum €15

Dinner wine €10 (friend's house)

31/1/09

Walking tour's tip €5

Lunch €8.4

Blue planet hostel €20

Metro €1.6

Coffee €4

Internet €3

Eiffle tower €4

Coffee at tower €7.5

1/2/09

€->£ €220->£173

UK (€220)

Lunch £6.5

Metro £4

Generator hostel £32.37 (3 nights)

Bar £6 (2 drinks)

Laundry + dry £7

Snack £1.2

2/2/09

Walking tour's tip £5

Metro 去 £4 (peng paid with credit card)

Metro 回 £4 (I paid with cash)

5/2/09

Train ticket to brugge €46.15

Sex museum €3

Lunch €5.5

Walking tour's tip €5

Fries €2.25

Chips + face cleaner €9.53

6/2/09

Y hostel €20.9 (€2 booking fee)

Souvenir hat €16

Van gouh museum €12.5

Croissants €0.6

7/2/09

Bike rent €9.5

Post card 2.97

BERGIUM (€90.61)

Bus from station to central €1.2

Dinner €7.93

Bergium typical snack food x 3 €2.8 x 3 = 8.4

Lunch £7.5

Metro 來回 £5.7

Dinner £7.73

1 hour internet £1.5

1 day internet £3

3/2/09

Metro 來回 £5.6

Post card £0.2

London eye £15.5

lunch £7.99 (Chinese food buffet)

post card + stamp £1.91

orange juice £1.5

beer £5

snack x 2 £1.2

4/2/09

ost key deposit £30

Train ticket to airport £8.9

NETHERLAND (€154)

Train to central station €4.4

Dinner Macdonald €7

Beer factory ₭280

Metro ₭28

5/2/09

Duck traditional ₭468

Ice tea ₭52

Puma so x ₭380

Metro ₭28

Drink in train €1.6

SWISS (€261.5)

€->₣ €120->₣175.2

16/2/09

Train to Interlaken €21.55

rain ticket to Pisa €85

Souvenir swiss knife ₣16

Lunch Macdonald ₣10

Chocolate ₣4

Drink ₣1.9

Phone call ₣2

Train to Bern ₣52 (round trip)

Dinner with friend ₣23 (fondue)

12/2/09

Day pass ticket €6.5

Walking tour tips €5

Souvenir €6 (2 post cards)

Germany pork €5.5 (€10.10 shared)

13/2/09

Bus to DB station €2.1

CZ REP (€180)

€->₭ €180->₭2600

Metro ₭28

Arpacay hostel ₭325 (2 nights)

Tesco food ₭200.5 (3 meals)

Metro ₭28

14/2/09

Laundry ₭50 (₭100 shared)

Walking tour's tip x 2 ₭260x2 = ₭520

Hot chocolate x 2 ₭55 x 2 = ₭110

Cake ₭80

8/2/09

Bike rent €8 (1 day)

Chocolate €10.6

Laundry + dry €4.5 +4 = 8.5

Dinner €7.5

9/2/09

Train ticket to brussel €12.9

Snacks €2.58

2Go4 hostel €20

10/2/09

Train to airport €3

GERMANY (€142.5)

Bus €2.6

Meininger hostel €28.5

11/2/09

Bus 1 way €2.1

Bus day pass ticket €6.1

Train ticket to Praha €60.2

Lunch Macdonald €7.5

Snack + food + drinks €5.17

Shared food €9.43 / 2 = €4.7 (5 meals)

Gelato €3

Nut €1.5

Dinner €17 (pizza, pasta, coffee)

Snack €3 (chicken soup)

Midnight snack €4

22/2/09

Breakfast diff €1

Lunch €7.5

Drink €2.5

Dinner €6.4

Internet €2

Drink €2.5

23/2/09

Internet €0.5

Zara €20

Dinner €9 + €8.5

Internet €1

24/2/09

Train to airport €11

Beer ₣5

Medicine €35

Laundry ₣11

18/2/09

Coffee at Alpes ₣3.5

Snowboard difference ₣33

ITALY

19/2/09

Lunch €3.5

Dinner €13 (spaghetti + coffee)

Internet €0.5

Bus €1.5

20/2/09

Souvenir €8

Gelato €4

Train to Rome €17.65

Dinner / clubbing €20

Panini €3.5

21/2/09

Brunch €6.5

醸文學09　PE0002

背包客日記
──流浪歐洲九國省錢大作戰之旅

作　　者　方柏華
責任編輯　邵亢虎
版面設計　陳佩蓉

出版策劃　醸出版
製作發行　秀威資訊科技股份有限公司
114 台北市內湖區瑞光路76巷65號1樓
電話：+886-2-2796-3638
傳真：+886-2-2796-1377
服務信箱：service@showwe.com.tw
http://www.showwe.com.tw
郵政劃撥　19563868　戶名：秀威資訊科技股份有限公司
展售門市　國家書店【松江門市】
104 台北市中山區松江路209號1樓
電話：+886-2-2518-0207
傳真：+886-2-2518-0778
網路訂購　秀威網路書店：http://www.bodbooks.com.tw
國家網路書店：http://www.govbooks.com.tw
法律顧問　毛國樑　律師
出版日期　2011年5月 BOD一版
定　　價　350元

總 經 銷　創智文化有限公司
236 新北市土城區忠承路89號6樓
電話：+886-2-2268-3489
傳真：+886-2-2269-6560

國家圖書館出版品預行編目

背包客日記──流浪歐洲九國省錢大作戰之旅 / 方柏華著. -- 一版. -- 臺北市：醸出版, 2011.05　面；　公分. --（語言文學類；PE0002）BOD版
ISBN　978-986-609-508-5（平裝）
1.旅遊文學 2.自助旅行3.歐洲
740.9　　100005548

讀者回函卡

感謝您購買本書，為提升服務品質，請填妥以下資料，將讀者回函卡直接寄回或傳真本公司，收到您的寶貴意見後，我們會收藏記錄及檢討，謝謝！

如您需要了解本公司最新出版書目、購書優惠或企劃活動，歡迎您上網查詢或下載相關資料：http:// www.showwe.com.tw

您購買的書名：______________________________

出生日期：________年________月________日

學　　歷：□高中(含)以下　□大專　□研究所(含)以上

職　　業：□製造業　□金融業　□資訊業　□軍警　□傳播業　□自由業　□服務業　□公務員　□教職　□學生　□家管　□其它______________

購書地點：□網路書店　□實體書店　□書展　□郵購　□贈閱　□其他

您從何得知本書的消息？

□網路書店　□實體書店　□網路搜尋　□電子報　□書訊　□雜誌　□傳播媒體　□親友推薦　□網站推薦　□部落格　□其他______________

您對本書的評價：(請填代號　1.非常滿意　2.滿意　3.尚可　4.再改進)

封面設計______　版面編排______　內容______　文／譯筆______　價格______

讀完書後您覺得：

□很有收穫　□有收穫　□收穫不多　□沒收穫

對我們的建議：______________________________

____

請貼
郵票

11466
台北市內湖區瑞光路 76 巷 65 號 1 樓

秀威資訊科技股份有限公司 收

BOD 數位出版事業部

（請沿線對折寄回，謝謝！）

姓　　名：＿＿＿＿＿＿＿＿＿＿　年齡：＿＿＿＿　性別：□女　□男

郵遞區號：□□□□□

地　　址：＿＿＿＿＿＿＿＿＿＿＿＿＿＿＿＿＿＿＿＿

聯絡電話：(日)＿＿＿＿＿＿＿＿＿＿(夜)＿＿＿＿＿＿＿＿＿＿

E-mail：＿＿＿＿＿＿＿＿＿＿＿＿＿＿＿＿＿＿＿＿